Überschrift

Überschriften bieten dir eine gute Orientierung: Es gibt eine Hauptüberschrift, der eine Ziffer vorangestellt ist, und zwei Unterüberschriften, die mit zwei oder drei Ziffern angezeigt werden.

Kolumnentitel

Die Angaben links und rechts oben auf einer Seite geben unterschiedliche Informationen: Links oben wird dir angezeigt, wie die Hauptüberschrift lautet, rechts oben siehst du das Thema der Seite.

1.1 Die Steigerung von Adjektiven (comparison of adjectives)

Wenn man Dinge oder Menschen vergleicht, braucht man die Steigerungsformen des Adjektivs. Wie im Deutschen gibt es im Englischen zwei Steigerungsstufen: den **Komparativ** *(comparative)* und den **Superlativ** *(superlative)*.

BLICKPUNKT

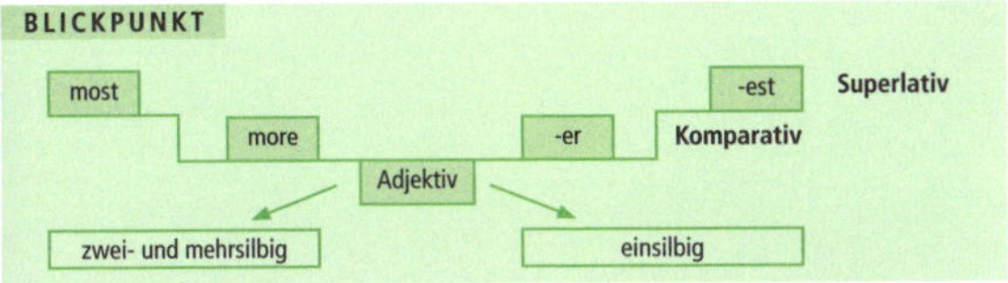

Steigerungsformen	Steigerung mit der Endung *-er/-est*	Steigerung mit *more/most*
Komparativ	young → younger	important → **more** important
Superlativ	young → youngest	important → **most** important

1.1.1 Die regelmäßige Steigerung (regular comparison)

Merkmale	
■ Alle einsilbigen Adjektive werden mit ***-er*** (Komparativ) und ***-est*** (Superlativ) gesteigert.	long, longer, longest cold, colder, coldest
■ Zweisilbige Adjektive mit den Endungen *-ow, -le* und *-y* werden ebenfalls mit ***-er*** und ***-est*** gesteigert. Das *-y* ändert sich in den Steigerungsformen zu *-i*.	shallow, shallower, shallowest simple, simpler, simplest happy → happier → happiest
■ Alle anderen **zwei- und mehrsilbigen Adjektive** werden mit ***more*** (Komparativ) und ***most*** (Superlativ) gesteigert.	active → **more** active → **most** active powerful → **more** powerful → **most** powerful reliable → **more** reliable → **most** reliable expensive → **more** expensive → **most** expensive

1.1.2 Die unregelmäßige Steigerung (irregular comparison)

Formen	
■ Die Adjektive ***good*** und ***bad*** haben unregelmäßige Steigerungsformen.	good → better → best bad → worse → worst
■ Die Mengenangaben ***many, much*** und ***little*** werden ebenfalls unregelmäßig gesteigert.	many → more → most much → more → most little → less → least

ADJEKTIV UND ADVERB

Kapitelmarke und Kapitelbezeichnung

Jedes Kapitel wird durch eine Startseite in einer eigenen Farbe eingeleitet und durch die Kapitelmarke auf jeder Seite des Kapitels angezeigt. Bei jedem Kapitel wechselt die Farbe und damit die Kapitelmarke. Außerdem wird bei jeder Kapitelmarke die Kapitelbezeichnung genannt, in dem du dich gerade befindest.

Regel/Beispiel

Auf dem lilafarbenen Hintergrund steht immer die Erklärung oder Regel, auf dem weißen Hintergrund – auf der gleichen Zeile daneben oder darunter – erläutert ein Beispiel den Sachverhalt.

Am Ende folgt auf den Seiten 127 und 128 ein Register mit allen wichtigen Suchbegriffen. So kannst du gezielt die Seite finden, auf der du Auskunft zu einer bestimmten Fragestellung erhältst.

Eine Zusammenstellung häufiger englischer Redewendungen, fester präpositionaler Wendungen und wichtiger Präpositionen ist eine schnell auffindbare Ergänzung auf dem **hinteren Buchdeckel**.

Duden

Schulgrammatik extra Englisch

5. bis 10. Klasse

Englische Grammatik
Texte schreiben und analysieren
Wortfelder und Redewendungen

3., überarbeitete Auflage

Duden Schulbuchverlag
Berlin · Mannheim · Zürich

Bibliografische Information der Deutschen Nationalbibliothek
Die Deutsche Nationalbibliothek verzeichnet diese Publikation in der Deutschen Nationalbibliografie; detaillierte bibliografische Daten sind im Internet über http://dnb.d-nb.de abrufbar.

Bibliographisches Institut GmbH
Dudenstraße 6, 68167 Mannheim, und
Duden Paetec GmbH
Bouchéstraße 12, 12435 Berlin

Redaktionelle Leitung Heike Krüger-Beer
Redaktion Veronika Kirschstein
Autoren Elisabeth Schmitz-Wensch, Tanja Schneider, Meike Wolf

Herstellung Andreas Preising
Layout Peter Lohse
Umschlaggestaltung Sven Rauska

Satz Elstersatz, Wildflecken
Druck und Bindung Offizin Andersen Nexö Leipzig GmbH
Spengleralle 26–30, 04442 Zwenkau
Printed in Germany

ISBN 978-3-411-72003-3

Inhalt

SUBSTANTIV UND ARTIKEL

1 Das Substantiv (noun)

BLICKPUNKT

Bei Substantiven, auch Nomen *(noun)* genannt, gibt es in beiden Sprachen Unterschiede:

Substantive

im Deutschen

- prinzipiell großgeschrieben.
- in drei grammatische Geschlechter unterteilt (der, die, das).

im Englischen

- kleingeschrieben. Nur Eigennamen, Nationalitäten, Monatsnamen und Wochentage beginnen mit einem Großbuchstaben.
- nicht nach dem grammatischen Geschlecht unterschieden. Nur wenn man über Personen *(she, he)* spricht, wird nach Femininum und Maskulinum unterschieden. Berufsbezeichnungen beziehen sich sehr häufig sowohl auf Frauen als auch auf Männer, ohne ihre Form zu ändern.

1.1 Die Pluralbildung (plural forms)

Im Englischen kann der Plural regelmäßig oder unregelmäßig gebildet werden. Darüber hinaus gibt es Substantive, die ausschließlich im Singular oder im Plural vorkommen.

1.1.1 Die regelmäßige Pluralbildung (regular plural forms)

■ Bei Substantiven mit regelmäßiger Pluralbildung wird an den Singular die Endung ***-s*** angehängt.	cat – cats, pupil – pupils, holiday – holidays
■ Endet ein Substantiv im Singular mit einem Zischlaut *(-s, -ss, -sh, -ch, -x)*, bildet man den Plural, indem man die Endung ***-es*** anhängt.	bus – buses, branch – branches, loss – losses, box – boxes, dish – dishes

1.1.2 Die unregelmäßige Pluralbildung (irregular plural forms)

Substantive mit bestimmten Endlauten bilden den Plural unregelmäßig.

■ Steht vor der Endung *-y* ein Konsonant, wird im Plural *-y* durch die Endung ***-ies*** ersetzt. Endet ein Wort auf Vokal + *-y*, wird der Plural regelmäßig durch das Anhängen von ***-s*** gebildet.	body – bod**ies**, ferry – ferr**ies** boy – boy**s**, play – play**s**, day – day**s**
■ Die Endungen *-f* oder *-fe* werden durch die Pluralendung ***-ves*** ersetzt.	shelf – shel**ves**, scarf – scar**ves**, herself – themsel**ves**
■ Einige Substantive auf *-f* enden jedoch auch im Plural regulär auf *-fs*.	belief – beliefs, roof – roofs
■ Substantive, die im Singular auf *-ff* enden, bilden den Plural ebenfalls regelmäßig durch das Anhängen von *-s*.	cliff – cliffs
■ Einige wenige Substantive auf *-o* bilden den Plural mit der Endung ***-oes***.	hero – her**oes**, potato – potat**oes**, tomato – tomat**oes**

Sonderformen im Plural	
■ Einige Substantive bilden den Plural mit einem **eigenen Wort** und **anderer Aussprache.**	woman – **women** ['wʊmən – 'wɪmɪn], child – **children** [tʃaɪld – 'tʃɪldrən], man – **men** [mæn – men]
■ Einige Substantive haben im Singular und im Plural die **gleiche Form.**	series, aircraft, sheep, fish, Chinese There are **twenty** white **sheep** and just **one** black **sheep** in the herd.
■ Fremdwörter bilden den Plural normalerweise so wie in **ihrer Ursprungssprache.** Nachschlagen im Wörterbuch sorgt in Zweifelsfällen für Klarheit.	stimulus – **stimuli**, phenomenon – **phenomena**

BESONDERS NÜTZLICH

Die Aussprache der Pluralformen

Die Aussprache der Pluralformen hängt von der Endung der Singularform ab:

- Endet der Singular mit einem **stimmhaften** Konsonanten, wird die Pluralendung *-s* ebenfalls **stimmhaft** gesprochen.
  dogs [gz]
- Endet der Singular mit einem **stimmlosen** Konsonanten, wird die Pluralendung *-s* ebenfalls **stimmlos** gesprochen.
  marks [ks]
- Endet der Singular mit einem **Zischlaut,** wird die Pluralendung **stimmhaft** gesprochen.
  wishes [ʃiz]
- Endet der Singular mit dem stimmlosen Konsonanten [θ], wird der Plural stimmhaft [ð], sofern ein langer Vokal oder Diphthong vorausgeht.
  bath [bɑ:θ] → baths [bɑ:ðz], path [pɑ:θ] → paths [pɑ:ðz], mouth [mauθ] → mouths [mauðz]
- Nach vorausgehendem kurzem Vokal bleibt der Plural *-ths* stimmlos.
  moth [mɔθ] → moths [mɔθs]

1.2 Paarwörter und Pluralwörter

1.2.1 Paarwörter (pair nouns)

Merkmale und Gebrauch

■ Für Dinge, die aus zwei gleichen Teilen bestehen, verwendet man im Englischen ein Substantiv im Plural *(pair noun)*.	glasses, binoculars, scissors, jeans, trousers, shorts, pyjamas
■ Diese Paarwörter werden mit Verben in der Pluralform verbunden.	Your new **glasses are** great. Where did you get **them**? (Deine neue Brille **ist** klasse. Wo hast du **sie** gekauft?)
■ Paarwörter können nicht mit dem unbestimmten Artikel (↑ S. 12) oder mit Zahlwörtern (↑ S. 68) verwendet werden.	
■ Will man diese Paarwörter zählbar machen, so benutzt man die Mengenangaben *one pair of, two pairs of* usw.	There **are** only **two pairs of** scissors, you'll have to share them. (Es gibt nur **zwei** Scheren. Ihr müsst sie euch teilen.)

1.2.2 Pluralwörter (words in plural form)

Merkmale und Gebrauch

■ Einige Substantive kommen nur in der Pluralform vor.	clothes, stairs, belongings
■ Bilden sie das Subjekt eines Satzes, steht das Verb ebenfalls im Plural.	The **surroundings are** beautiful. All my **clothes are** dirty.

BESONDERS NÜTZLICH

Besonderheiten bei Pluralwörtern

- **Sammelbegriffe** *(collective nouns)* können im Singular oder im Plural verwendet werden, je nachdem, ob man die Gruppe als Ganzes (Singular) oder die einzelnen Individuen (Plural) hervorheben will.

  crew, family, team, staff, government

  The **family are** sitting around the dinner table.
  At Christmas the whole **family celebrates** together.
  The **team were** cheered by thousands of fans.
  Our soccer **team trains** every Friday.

- Einige Substantive im Singular ziehen immer ein Verb im Plural nach sich.

  police, cattle

  The **police are** usually quite quick, but this time the bank robber escaped.
  The **cattle are** worth a lot of money, but my uncle doesn't want to sell them.

- *people* in der Bedeutung „Leute" wird mit einem Verb im **Plural** verwendet.

  People often envy celebrities because they are rich.

  peoples hingegen heißt übersetzt „Völker".

  The indigenous **peoples** of South America are very poor.

1.3 Zählbare und nicht zählbare Substantive

Im Unterschied zum Deutschen werden Substantive im Englischen auch danach unterschieden, ob sie zählbar oder nicht zählbar sind.

1.3.1 Zählbare Substantive (countable nouns)

Zu den zählbaren Substantiven gehören Personen, Tiere und Gegenstände.

■ Substantive, die etwas **Zählbares** bezeichnen, kommen im Singular und im Plural vor.	one pupil – the pupils
■ Sie können mit allen Artikeln, Zahlwörtern und anderen Bestimmungswörtern stehen.	a dog – many dogs my car – three cars

1.3.2 Nicht zählbare Substantive (uncountable nouns)

Zu den nicht zählbaren Substantiven gehören Stoffbezeichnungen, (z. B. *sugar, butter, water*), abstrakte Substantive (z. B. *love, happiness, information*) und Sammelbegriffe (z. B. *money, luggage, furniture*).

■ Substantive, die etwas **nicht Zählbares** bezeichnen, werden **nur im Singular** verwendet. Sie können nicht mit Zahlwörtern (↑ S. 68) oder unbestimmten Artikeln (↑ S.12) verbunden werden.	milk, tea, water, food, sugar, bread, luggage, accommodation, shopping, money, music, homework, news, information, work, knowledge, advice, rubbish, furniture, equipment
■ Sie stehen häufig mit *some* oder *any* (↑ S. 19).	milk – **some** milk, sugar – **some** sugar
■ Sie können mithilfe einer Mengenangabe (↑ S. 19) zählbar gemacht werden.	**a bottle of** milk, **a piece of** music, **a cup of** tea, **a slice of** bread, **a lot of** money
■ Es gibt Substantive, die zählbar und nicht zählbar sein können. Häufig ergibt sich ein Bedeutungsunterschied, daher ist der Gebrauch eines Wörterbuches ratsam.	**zählbar:** some **hairs** on your coat (einzelne Haare) **nicht zählbar:** her **hair** looks nice (ihre Haare, ihre Frisur)

1.4 Der Genitiv (possessive case)

Der Genitiv zeigt ein Besitzverhältnis an.

1.4.1 Der s-Genitiv (s-genitive)

In der gesprochenen Sprache bereitet der *s*-Genitiv in der Regel keine Probleme. In der Schriftsprache ist darauf zu achten, ob es sich um einen oder mehrere Besitzer handelt, damit der Apostroph richtig platziert wird.

■ Substantive im **Singular** erhalten im Genitiv einen Apostroph *'* und ein *s*. Das *'s* zeigt den Besitz bei **Personen** und **Tieren** an.	Peter**'s** bike, the boy**'s** bike Sue**'s** watch, the girl**'s** watch the dog**'s** name
■ Substantive im **Plural,** die auf *-s* oder *-es* enden, erhalten nur einen **Apostroph.**	the boys**'** CDs
■ **Unregelmäßig** gebildete Substantive im Plural (↑ S. 7) erhalten ein ***'s*.**	women**'s** rights
■ Der *s*-Genitiv wird auch bei einigen **Städten, Staaten** und bei **Zeitangaben** verwendet.	London**'s** sights, Britain**'s** economy last week**'s** rugby match
■ Bei **Ortsbezeichnungen** (wie Restaurants, Geschäften oder der Wohnung von Bekannten) wird das nachfolgende Bezugswort häufig ausgelassen.	I'll see you at the Blakes**'** (house) in half an hour. First, I'll have to go to the chemist**'s** (shop).
■ Das Bezugswort eines *s*-Genitivs kann auch weggelassen werden, wenn es vorher bereits genannt wurde.	What a great bike! Whose is it? – It's my **sister's.**

1.4.2 Die of-Fügung (of-phrase)

■ Will man eine Zugehörigkeit ausdrücken, die sich auf Gegenstände oder Sachverhalte bezieht, wird häufig die ***of*-Fügung** gebraucht.	the entrance **of** the park the colour **of** your jeans
■ Auch bei **Maß-** und **Mengenangaben** verwendet man die *of*-Fügung.	**two kilos of** carrots, **hundreds of** people, **a great deal of** money
■ Wenn die *of*-Fügung für Personen verwendet wird, dann werden diese näher beschrieben.	Brian is the son **of our friends from Edinburgh.**

2 Der Artikel (article)

Substantive weisen im Englischen kein grammatisches Geschlecht auf. Dies wird an den Artikeln erkennbar: Während die deutsche Sprache drei bestimmte Artikel (der, die, das) kennt, gibt es im Englischen (auch im Plural) nur den bestimmten Artikel *(definite article) the*. Er ist unveränderlich.

Der unbestimmte Artikel *(indefinite article)* lautet im Singular *a* oder *an*. Im Englischen gibt es keine eigene Pluralform des unbestimmten Artikels (↑ S. 12).

2.1 Der bestimmte Artikel (definite article)

Immer wenn von einer bestimmten Person oder Sache die Rede ist, wird der bestimmte Artikel verwendet. Folglich entfällt der bestimmte Artikel, wenn Substantive allgemein oder abstrakt verwendet werden.

Gebrauch	
■ **Abstrakte** und **nicht zählbare Substantive** wie *life, happiness, freedom, hate, peace, love* haben keinen bestimmten Artikel, außer im konkreten Zusammenhang.	**Life** in London is really expensive. I'm reading a book on **the life of William Shakespeare.**
■ **Substantive** im **Plural** haben keinen bestimmten Artikel, außer sie bezeichnen eine konkrete Menge oder Gruppe von Personen.	Sarah doesn't like carrots except **the carrots in her aunt's garden.** (Sarah mag keine Möhren außer den Möhren im Garten ihrer Tante.)
■ **Verkehrsmittel** haben keinen bestimmten Artikel, besonders in Konstruktionen mit *to go/travel by*.	Peter goes to work **by bus.**
■ **Institutionen** wie *school, court, church, university, prison, parliament* stehen ohne Artikel, wenn man ihre Funktion oder ihren Zweck meint. Der Artikel wird nur verwendet, wenn man sich auf ein bestimmtes Gebäude bezieht.	I go **to school.** I go **to the school at the end of the road.** Criminals go **to prison.**
■ **Eigennamen** im Singular und Namen mit vorangestelltem Titel oder Adjektiv werden immer ohne Artikel verwendet. Eigennamen im Plural werden dagegen immer mit dem bestimmten Artikel gebraucht.	Karen, Uncle Tim, Queen Elizabeth, Little Tom the Smiths, the Royals
■ **Ohne Artikel** stehen	
– die meisten Straßen, Plätze, Seen, Berge, Parks sowie	Oxford Street, Piccadilly Circus, Lake Michigan, Mount Everest, Hyde Park
– viele Gebäude und Länder.	Buckingham Palace, England
■ **Mit Artikel** stehen	
– Eigennamen von Flüssen, Meeren und Gebirgen,	the Pyrenées, the Pacific, the Alps
– manche öffentlichen Gebäude (außer Institutionen!),	the British Museum
– Orte oder Gebäude mit dem *of*-Genitiv und	the House of Commons
– einige Länder.	the Netherlands, the United States (of America)

2.2 Der unbestimmte Artikel (indefinite article)

Immer wenn von einer nicht näher bestimmten Person oder Sache im Singular die Rede ist, wird der unbestimmte Artikel verwendet.

Gebrauch	
■ Vor Vokalen wird der unbestimmte Artikel *a* zu *an*. Entscheidend ist nicht die Schreibweise, sondern der Anlaut in der Aussprache des folgenden Wortes.	**a** girl, **a** car **an** island [ən ˈaɪlənd], **an** hour [ən aʊə(r)] aber: a uniform [ə ˈjuːnɪfɔːm]
■ Im Plural gibt es keinen unbestimmten Artikel. Man ersetzt ihn durch *some*, *any* oder eine andere Mengenangabe (↑ S. 19).	Peter met **some girls** in the pub a few days ago. Sally didn't order **any** food because she was not hungry.
■ Anders als im Deutschen drückt der unbestimmte Artikel die Zugehörigkeit zu einer **Religion, Berufsgruppe** oder **Nationalität** aus.	Mark is **a** Baptist. (Mark ist Baptist.) Mr. Townsend is **a** doctor, his wife is **a** nurse. (Herr Townsend ist Doktor, seine Frau Krankenschwester.) John is **an** American. (John ist Amerikaner.) Gordon Brown is an Englishman. (Gordon Brown ist Engländer.)
■ Die Angabe einer Nationalität wird jedoch häufig auch mit dem **Adjektiv** gebildet. Dann darf der unbestimmte Artikel **nicht** verwendet werden.	His wife Sarah **is English**, too. (Auch seine Frau ist Engländerin. [wörtlich: ... ist englisch.])
■ Der unbestimmte Artikel wird **in Häufigkeitsbezeichnungen** verwendet und kann **Maße** und **Mengen** ausdrücken. In diesen Fällen bedeutet er „pro" oder „per".	50 p **a ride** (50 p **pro** Fahrt), twice **a week** (zweimal **pro** Woche), half **a dozen** (**ein** halbes Dutzend), three hours **a day** (drei Stunden **am/pro** Tag)

BESONDERS NÜTZLICH

Die Aussprache des Artikels vor Vokalen

- Die Aussprache des bestimmten Artikels ändert sich, wenn er vor einem Wort steht, das mit einem Vokal beginnt. Entscheidend ist nicht die Schreibweise, sondern der Anlaut.
  the [ðe] car aber: the [ðɪ] actor

- Vor den meisten Wörten, die mit *u* beginnen, ändert sich die Aussprache des bestimmten und des unbestimmten Artikels nicht, da *u* als [ju] (= Konsonant) ausgesprochen wird.
  the hour [ðɪ aʊə(r)] aber: the University of California [ðə juːnɪˈvɜːsəti]
  an hour [ən aʊə(r)] aber: a university [ə juːnɪˈvɜːsəti]

- Man spricht den bestimmten Artikel *the* [ðiː] aus, wenn er besonders hervorgehoben werden soll.
  Mary is the [ðiː] musician in our class.

- Der unbestimmte Artikel wird zur besonderen Betonung [eɪ] bzw. [æn] gesprochen.
  That's a [eɪ] way to do it, but not the only one.

PRONOMEN UND MENGENANGABEN

1 Das Pronomen (pronoun)

Pronomen sind **Fürwörter.** Sie können andere Wörter ersetzen. Es gibt verschiedene Arten von Pronomen, die unterschiedliche **Funktionen** im Satz übernehmen.

BLICKPUNKT

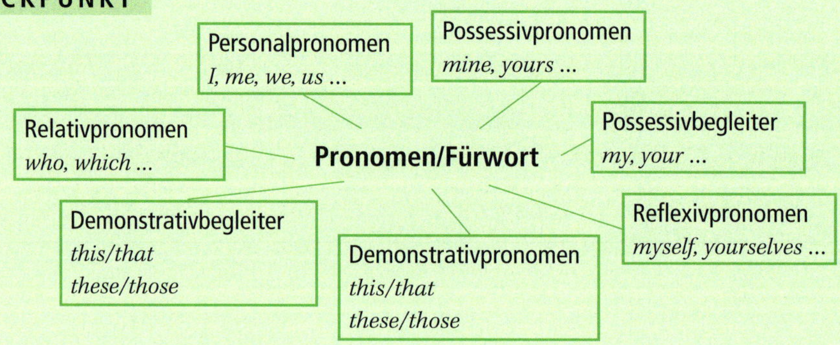

1.1 Das Personalpronomen (personal pronoun)

Formen

	Singular		Plural	
Personalpronomen in Subjektform	I	(ich)	we	(wir)
	you	(du)	you	(ihr)
	he	(er)	they	(sie)
	she	(sie)		
	it	(es)		
Personalpronomen in Objektform	me	(mir/mich)	us	(uns/uns)
	you	(dir/dich)	you	(euch/euch)
	him	(ihm/ihn)	them	(ihnen/sie)
	her	(ihr/sie)		
	it	(ihm/es)		

Gebrauch

■ Personalpronomen in der Subjektform ersetzen das **Subjekt** eines Satzes.	Mary went home. **She** went home.
■ *she* und *he* beziehen sich nur auf Menschen oder auf Tiere (↑ S. 6), wenn das natürliche Geschlecht eine Rolle spielt. Verweist man auf Dinge oder abstrakte Substantive, benutzt man das Personalpronomen *it*.	Englisch: The sun … **It …** Deutsch: Die Sonne … **Sie …**
■ Personalpronomen in der Objektform ersetzen das **Objekt** eines Satzes. Im Englischen gibt es nur eine Objektform, während es im Deutschen Akkusativ- (mich, dich usw.) und Dativformen (mir, dir usw.) gibt.	I did not see **her.** (Ich habe **sie** nicht gesehen.) Can you help **her?** (Kannst du **ihr** helfen?)

1.2 Der Possessivbegleiter (possessive determiner) und das Possessivpronomen (possessive pronoun)

Possessivbegleiter *(possessive determiners)* und Possessivpronomen *(possessive pronouns)* sind **besitzanzeigende Fürwörter.** Beide geben an, wem etwas gehört. Sie werden im Satzzusammenhang jedoch unterschiedlich gebraucht.

Formen				
	Singular		Plural	
Possessivbegleiter	my your his her its	(mein/-e) (dein/-e, Ihr/-e) (sein/-e) (ihr/-e) (sein/-e)	our your their	(unser/-e) (euer/-re, Ihr/-e) (ihr/-e)
Possessivpronomen	mine yours his hers	(meiner/-e/-es) (deiner/-e/-es) (seiner/-e/-es) (ihres/-e/-es)	ours yours theirs	(unserer/-e/-es) (euer/-re/-res) (ihrer/-re/-res)

Merkmale und Gebrauch	
■ Der **Possessivbegleiter** steht **vor** einem Substantiv und gibt an, wem dieses gehört.	This is **my** bag.
■ Er kann durch das Wort *own* (eigener) verstärkt werden. Vor *own* muss im Englischen immer ein Possessivbegleiter stehen.	It was **her own** fault. He does not have **his own** flat.
■ Der Possessivbegleiter + *own* kann auch mit *of* an das Substantiv **angeschlossen** werden.	He does not have a flat **of his own.**
■ In Verbindung mit bestimmten abstrakten Substantiven *(death, life, mind)* oder vor Körperteilen und Kleidungsstücken steht der entsprechende Possessivbegleiter.	He hurt **his** knee and broke **his** arm, but **his** life was saved.
■ Bezieht sich der Possessivbegleiter auf mehrere Personen oder Dinge, steht er in der Pluralform *their.*	**Their** houses were flooded last summer. Lots of people lost **their** belongings.
■ **Possessivpronomen** stehen **ohne** Substantiv. Man verwendet sie, um etwas bereits Erwähntes nicht zu wiederholen.	Whose **shoes** are these? They are **hers.** Those shoes are **mine.**
■ Das Possessivpronomen kann mit *of* an ein Substantiv angefügt werden.	This dog is a pet **of ours.** Mary isn't a friend **of mine.**

1.3 Das Reflexivpronomen (reflexive pronoun)

Formen

Singular		Plural	
myself	(mir/mich)	ourselves	(uns)
yourself	(dir/dich/sich)	yourselves	(euch/sich)
himself	(sich)	themselves	(sich)
herself	(sich)		
itself	(sich)		
oneself	(sich)		

Gebrauch

- Reflexivpronomen beziehen sich auf das **Subjekt** eines Satzes **zurück.** Sie richten sich in Genus und Numerus nach dem Subjekt.
- Reflexivpronomen werden auf der zweiten Silbe betont. *-self* wird im **Plural** zu *-selves* (↑ S. 7).
- Achtung: Viele Verben, die im Deutschen reflexiv sind, das heißt ein Reflexivpronomen brauchen, sind im Englischen **nicht reflexiv.** Dazu gehören: *afford* (sich leisten), *apologize* (sich entschuldigen), *argue* (sich streiten), *complain* (sich beschweren), *meet* (sich treffen), *remember* (sich erinnern).

He told **himself** to calm down.
She reminded **herself** to study hard.

They asked **themselves** when they would finally get home.

He could not **afford** the new bike.
(Er konnte **sich** das neue Rad nicht **leisten.**)
They **met** in the park.
(Sie **trafen sich** im Park.)

Feste Redewendungen

Reflexivpronomen stehen auch in einigen **festen Wendungen.**

Help yourself! (Bediene dich!)
He did it by himself. (Er hat es allein gemacht.)
Enjoy yourselves! (Viel Spaß!)

each other – one another

Merkmale und Gebrauch

- Man verwendet *each other/one another*, wenn eine **wechselseitige** oder **gegenseitige** Beziehung zwischen mindestens zwei Personen oder Dingen besteht.
- Im Englischen wird unterschieden, ob eine wechselseitige Beziehung vorliegt *(each other/one another)* oder die Handlung reflexiv ist *(themselves).* Im Deutschen steht in beiden Fällen „sich".

Tom and Sarah like **each other** very much.
They helped **one another.**

They looked at **each other.**
(Sie sahen **sich** [gegenseitig] an.)
They looked at **themselves** in the mirror.
(Sie sahen **sich** an. [Jeder betrachtete sich selbst.])

1.4 Der Demonstrativbegleiter (demonstrative determiner) und das Demonstrativpronomen (demonstrative pronoun)

Demonstrativbegleiter bzw. Demonstrativpronomen weisen direkt auf einen Gegenstand oder eine Person hin. Je nach Gebrauch können *this* und *that*, *these* und *those* Demonstrativbegleiter oder Demonstrativpronomen sein.

Formen

	Singular	Plural
Demonstrativbegleiter	this that	these those
Demonstrativpronomen	this that	these those

Merkmale und Gebrauch

■ Als **Demonstrativbegleiter** *(demonstrative determiner)* stehen sie vor einem Substantiv.	**This tree** is huge. **That** tree is small. **These children** here are playing soccer. **Those students** over there are playing tennis.
■ Als **Demonstrativpronomen** *(demonstrative pronoun)* ersetzten sie ein Substantiv und stehen deshalb **allein.**	Whose is **this?** **This** is mine, **that** is yours.
■ *this* und *these* weisen auf Personen oder Dinge in der **näheren Umgebung** zum Sprecher hin. ■ *that* und *those* weisen auf Dinge hin, die sich vom Sprecher **weiter entfernt** befinden. ■ *this* und *that* werden jedoch oft **synonym** gebraucht.	**This** is my book. **These** are his shoes. **That** house over there looks nice. **Those** mobile phones over there are small. **This** mobile phone is smaller than **that.**

1.5 Das Relativpronomen (relative pronoun)

Formen

	Bezug auf Personen	Bezug auf Dinge
Subjekt	who (that)	that, which
Objekt	whom (that)	that, which
Genitiv	whose	whose/of which

Merkmale und Gebrauch

Relativpronomen leiten einen **Relativsatz** ein und beziehen sich immer auf ein **zuvor erwähntes** Satzglied. ■ Beim Gebrauch muss man unterscheiden, ob sich das Relativpronomen auf **Personen** oder auf **Gegenstände** bezieht. ■ Singular und Plural werden nicht unterschieden.	**The house, which** you can see on the photo, belongs to my sister. **The girl who** sat over there is gone. **The bread which** tasted so nice was from the bakery. **The girls who** sat over there are gone.

(Fortsetzung auf S. 18)

Merkmale und Gebrauch (Fortsetzung)

■ Bei Personen ist die Verwendung von **who** geläufiger als **that.**	The man, **who** walked down the street, was wearing a hat.
■ Bei Dingen und Tieren wird **that** im mündlichen Sprachgebrauch, **which** im geschriebenen Englisch bevorzugt.	**The dogs that** ran away were frightened. He saw the house **which** belonged to a famous movie star.
■ Im Genitiv, der die Zugehörigkeit oder den Besitz ausdrückt, verwendet man **whose** sowohl für Personen als auch für Dinge und Tiere.	The actor, **whose** movies are very successful, is nominated for the Academy Awards.
■ Spricht man von Personen, wird im formellen Englisch **whom** gebraucht, wenn es das **Objekt** des Relativsatzes darstellt.	The boy **whom** I like doesn't like me. (Der Junge, den ich mag, mag mich nicht. [= Akkusativobjekt])

1.6 Das Stützwort (prop-word) one

Formen und Gebrauch

■ *one* (Singular) oder *ones* (Plural) können zuvor erwähnte **Substantive ersetzen.**	Tom is a friendly **boy.** He really is a nice **one.** They had lots of **boats.** They even had big **ones.**
■ Im Englischen können der bestimmte Artikel oder auch Adjektive nicht allein stehen. Sie benötigen *one* als Stützwort.	I like all the **shirts,** but I will buy the blue **one.** That's Sally's **house. The one** with the large windows.
■ In bestimmten Fällen können *one/ones* als Stützwort entfallen:	
– bei Superlativen (Steigerung),	The yellow car is **the cheapest** (one).
– bei Ordnungszahlen,	He was **the first** (one) to arrive.
– bei Demonstrativpronomen,	The red carpet is nicer than **that** (one).
– bei *each, any, another, either* und *neither,*	One girl used a fork, **another** (one) a spoon.
– bei *which.*	There are lots of teas. **Which** (one) would you like?

BESONDERS NÜTZLICH

Das deutsche Wort „man"

- Um etwas allgemein zu formulieren, wird im Deutschen oft „man" verwendet. Diesem deutschen Wort entsprechen im Englischen *you* und *one.*
  You have to cry when you cut onions.
  One shouldn't work during the holidays.
- *one* ist formeller als *you.* Es kann auch durch einen **Satz im Passiv** (↑ S. 40) ausgedrückt werden.
  One has to admit that the prime minister's speech was good.
  Nothing **could be said** about the cause of the accident.
  (Man konnte nichts über die Unfallursache sagen.)
- *they* bietet eine weitere Möglichkeit, etwas unpersönlich und allgemein auszudrücken. Im gesprochenen Englisch hört man auch oft *they say (= people say).*
  They celebrate Thanksgiving in the United States.
  They say that the swimming pool is open.

2 Mengenangaben (quantifiers)

2.1 some – any

some und *any* geben eine unbestimmte Menge oder Anzahl an. Sie stehen vor nicht zählbaren Substantiven und Substantiven im Plural (↑ S. 9).	some/any water some/any carrots
■ In **bejahten Aussagesätzen** steht *some* (etwas, ein paar, einige), wenn man die genaue Menge nicht kennt oder diese keine Rolle spielt. ■ Wenn man um etwas bittet oder etwas anbietet, verwendet man *some* auch in Fragen, auf die man ein „Ja" erwartet.	I bought **some** oranges in town. Could I have **some** bread, please? Would you like **some** more tea?
■ *any* verwendet man in **verneinten Aussagesätzen** und **Fragen,** deren Antwort nicht abschätzbar ist.	I did**n't** get **any** because they did**n't** have **any.** Why did**n't** you buy **any** bananas?

Zusammensetzungen mit *some* und *any*	
■ Die Regeln für den Gebrauch von *some* und *any* gelten auch für Zusammensetzungen mit *some* oder *any* wie *somebody, someone, something, somewhere, anybody, anyone, anything* und *anywhere*. ■ In Verbindung mit den Adverbien *hardly, barely, scarcely* stehen *any* + Substantiv, *anybody* oder *anything*.	I'm sure I've got some stamps **somewhere** – unless **somebody** has taken them. Has **anyone** eaten my yoghurt? I can't find it **anywhere** in the fridge. **Hardly anybody** turned up at last night's soccer match. (Kaum jemand tauchte bei dem Fußballspiel gestern Abend auf.)

2.2 no – none

■ *no* entspricht dem deutschen „keine/-er/-es" und steht vor Substantiven. Zusammensetzungen mit *no* sind *no one, nobody, nowhere, nothing.*	I have **no** problem with that. The purse is **nowhere** to be found. That's strange. **Nobody** seems to have seen it.
■ *none* entspricht dem deutschen „keine/-er/-es". Es steht meist in Verbindung mit *of* + Substantiv oder Personalpronomen in der Objektform. ■ Alleine steht *none* nur, wenn es sich auf vorher Erwähntes bezieht.	**None of** the houses had fireplaces. **None of** us had time to go to the post office. I would have gone hiking if I'd had some food and water, but there was **none** left.

2.3 much – many

■ *much* entspricht im Deutschen „viel" und steht vor nicht zählbaren Substantiven. Häufig wird es in Fragen und verneinten Aussagesätzen eingesetzt.	I don't have **much** money left. There isn't **much** milk in the fridge.

■ In bejahten Aussagesätzen und im gesprochenen Englisch wird häufig *a lot/lots of, a great deal of, plenty of* verwendet.	Sophie spends **a lot of** money on clothes. In addition, she buys **plenty of** CDs every week. It was not **a great deal** of work. Do you have **lots of** friends?
■ *many* entspricht der deutschen Mengenangabe „viele" und wird mit Substantiven im Plural verwendet.	**Many** tourists use the underground as a means of transport because it is quick.

2.4 each – every

■ *each* und *every* entspricht im Deutschen „jede/-er/-es". Sie sind häufig austauschbar. ■ Während *each* alleine oder in Verbindung mit *of* + Substantiv (im Plural) stehen kann, braucht *every* immer ein Substantiv.	**Each/Every** team member got a ticket. (Jedes Teammitglied bekam ein Ticket.) **Each** (of the boys) was carrying a skateboard. You can have two bags of crisps **each.** **Every** house needs a roof.
■ *each* verweist auf jede einzelne Person oder jedes einzelne Ding aus einer Gruppe, während *every* die Bedeutung „jede/-er/-es ohne Ausnahme" hat. ■ Zur Bezeichnung von **einzelnen** Personen oder Dingen wird *each* (nicht *every*) verwendet.	**Each** chair has to be painted in a different colour. (Jeder einzelne Stuhl muss ...) **Every** game they played seemed to be boring. (Alle Spiele, die sie spielten, schienen ...) In a tennis match **each** player has a racket, but there is only one ball.
■ Zur Bezeichnung von Dingen, die häufig passieren, wird *every* (nicht *each*) verwendet.	How often do you go running? **Every** day. (nicht: ~~each day~~)

Zusammensetzungen mit *every*

■ Zusammensetzungen mit *every* sind *everybody, everyone, everything* und *everywhere.*	Everybody wanted to meet the new headmaster.
■ *every* steht in häufig auftretenden Wendungen.	every other day (jeden zweiten Tag), every time (jedes Mal), every now and then (hin und wieder)

2.5 a little – a few

■ *a little* entspricht im Deutschen „ein wenig", „ein bisschen" und steht vor nicht zählbaren Substantiven (↑ S. 9).	He speaks **a little** Spanish and I speak **a little** French.
■ *a few* entspricht im Deutschen „ein paar", „einige" und wird mit zählbaren Substantiven im Plural verwendet.	**A few** days ago I went to a fancy new club in North London and I saw **a few** famous people there.
■ Stehen *little* oder *few* vor einem Substantiv, bedeuten sie „wenig/wenige". Nach *little* steht das Substantiv im Singular, nach *few* im Plural.	Hurry up. There's **little** time left before the film starts. **Few** guests have arrived so far. Maybe the invitations didn't get to all of them in time.

DAS VERB I

1 Die Verbarten

BLICKPUNKT

Verben

- **Vollverb** (dream, think, walk, argue …)
- **Verben, die als Hilfs- und Vollverben verwendet werden** (be, do, have)
- **modale Hilfsverben** (can, could, may, must, need …)

1.1 Das Vollverb (main verb)

Vollverben sind selbstständig und tragen im Satz die Bedeutung. Sie drücken aus, was passiert oder was getan wird. Jedes englische Vollverb existiert grundsätzlich in fünf Formen. Es können Besonderheiten bei der Bildung oder bei der Schreibweise auftreten. Die Formen sind:

- der Infinitiv,
- die 3. Person Singular,
- die Verlaufsform (*ing*-Form),
- die einfache Vergangenheit *(simple past)*,
- das Partizip Perfekt.

1.1.1 Der Infinitiv (infinitive)

Merkmale	
Der Infinitiv ist die **Grundform** des Verbs. Das Verb ist nicht konjugiert, das heißt, es fehlen Angaben zu Person und Zahl.	**to listen, to read, to swim** I like **to read.**

1.1.2 Das Verb in der 3. Person Singular (s-form)

Bildung	
■ Im *simple present* hängt man in der 3. Person Singular an den Infinitiv des Vollverbs ein **-*s*** an.	to find → he find**s**, to make → she make**s**, to rain → it rain**s**
■ Endet der Infinitiv mit einem Zischlaut, hängt man **-*es*** an.	to wish → he wish**es**, to suppress → she suppress**es**, to finish → it finish**es**
■ Endet der Infinitiv auf Konsonant + *y*, wird aus dem *-y* ein **-*ie*** und daran wird das *-s* angehängt.	to marry → he marr**ies**, to supply → she suppl**ies**
■ Endet der Infinitiv auf Vokal + *y*, bleibt das *-y* erhalten und man hängt ein *-s* an.	to say → he say**s**, to pay → he pay**s**, to convey → it convey**s**
■ Zudem bilden manche Verben die *s*-Form unregelmäßig.	to go → he go**es**, to do → she do**es**

BESONDERS NÜTZLICH

Die Aussprache des Endungs-s

Die Aussprache des *-s* hängt davon ab, ob ein Verb **stimmhaft, stimmlos** oder auf einen **Zischlaut** endet.

stimmhaft: he knows [z]
stimmlos: she greets [s]
Zischlaut: he watches [iz]

1.1.3 Die ing-Form

Mit der *ing*-Form bildet man das Partizip Präsens (*present participle*, ↑ S. 51) und das Gerundium (*gerund*, ↑ S. 47). Die Endung *-ing* wird an den Infinitiv des Vollverbs angehängt.

Ausnahmen bei der Bildung	
■ Nach betontem Vokal wird ein einfacher Endkonsonant **verdoppelt.**	to stop → stop**p**ing, to win → win**n**ing
■ Wenn der Endvokal nicht betont wird, wird der Konsonant **nicht verdoppelt.**	to enter → ente**r**ing, to exit → exi**t**ing
■ Endet ein Verb auf ein nicht gesprochenes -e, entfällt dieses.	to come → coming, to race → racing, to name → naming

1.1.4 Die simple-past-Form (simple past)

Bildung	
■ Um das *simple past* zu bilden, hängt man die Endung *-ed* an den Infinitiv der regelmäßigen Verben.	to laugh → laugh**ed,** to watch → watch**ed,** to shout → shout**ed**
■ Die unregelmäßigen Verben bilden eigene Formen, die auswendig gelernt werden müssen.	to put → **put**, to take → **took**

1.1.5 Das Partizip Perfekt (past participle)

Bildung	
■ Das *past participle* braucht man für die Zeitformen des Perfekts und für Partizipialkonstruktionen. Man bildet das *past participle* der regelmäßigen Verben durch Anhängen der Endung *-ed* an den Infinitiv.	to collect → collect**ed**: He has **collected** lots of coins. to shout → shout**ed**: She had **shouted** loudly at him. to wait → wait**ed**: They have **waited** too long. **Needed** by everyone, water is a precious resource.
■ Die unregelmäßigen Verben bilden eigene Formen, die auswendig gelernt werden müssen.	to catch → **caught**: I have **caught** a cold. **Built** during the 13th century, this monastery now houses a museum.

1.2 Das modale Hilfsverb (modal auxiliary)

Modalverben verändern die Aussage eines Satzes. Sie sagen aus, ob etwas getan werden kann, muss, darf, soll.

Gebrauch und Bildung	
■ Auf ein Modalverb folgt im Satz immer der **Infinitiv** des Vollverbs **ohne *to*** (Ausnahme: *ought to*).	You **can ask** her at the weekend. You **ought to** call your dad.
■ In der 3. Person Singular wird an ein Modalverb **kein *-s*** angehängt.	He **should** accept your offer. She **may** give you a call this afternoon.
■ Da sie selbst Hilfsverben sind, brauchen Modalverben in Fragen und verneinten Sätzen **kein anderes Hilfsverb** (z. B. *to do*).	**Can** I borrow your car? I'm sorry, I **can't** lend it to you.
■ Manche Modalverben können mithilfe von Ersatzformen andere Zeiten bilden.	I **have not been able** to contact her. **Were** you **allowed to** go there?
■ Modalverben bilden keine *ing*-Form.	

Formen	bejaht	verneint (Lang-/Kurzform)	
present tense	can	cannot/can't	You **can** do your homework later. (Du **kannst** deine Hausaufgaben später machen.)
	may	may not	**May** I go to the cinema tonight? (**Darf** ich heute Abend ins Kino gehen?)
	must	do not have to	She **must** work hard to be the winner. (Sie **muss** hart arbeiten, um zu gewinnen.)
		must not (nicht dürfen)	He **must not** do his homework in the evenings. (Er **darf** seine Hausaufgaben **nicht** abends machen.)
	ought to	ought not to/ oughtn't to	It **ought** to be warm in spring. (Es **sollte** im Frühling warm sein.)
	shall	shall not/shan't	**Shall** I help you with the housework? (**Soll** ich dir bei der Hausarbeit helfen?)
	will	will not/won't	**Will** you do as I have told you, please! (**Würdest** du bitte machen, was ich dir gesagt habe?)
past tense	could	could not/ couldn't	**Could** I have an ice cream, please? (**Könnte** ich bitte ein Eis haben?)
	would	would not/ wouldn't	**Would** you like to go for a walk? (**Würdest** du gerne spazieren gehen?)
	should	should not/ shouldn't	You **should** not go to bed late. (Du **solltest** nicht spät ins Bett gehen.)
	might	might not	It **might** not be a good idea to tell lies. (Es **wäre** keine so gute Idee zu lügen.)

1.2.1 Modalverben mit Ersatzform

Die Modalverben *can, must* und *may* verfügen über eine Ersatzform und können dadurch andere Zeiten als das Präsens bilden.

can und die Ersatzform _to be able to_

Das Modalverb *can* drückt die Gegenwart aus, *could* die Vergangenheit. Um andere Zeiten zu bilden, benutzt man die **Ersatzform _to be able to_.** Im Präsens wie folgt:

Singular	**Plural**
I am able to	we are able to
you are able to	you are able to
he/she/it is able to	they are able to

■ Um das *simple past* zu bilden, wird *be* in der Ersatzform in die Vergangenheit gesetzt.	I **was** able to help him with his homework. They **were** able to finish the project.
■ Zur Bildung des *present perfect* wird *be* in die Zeitform des *present perfect (has/have been)* gesetzt.	You **haven't been** able to fix the car. She **has been** able to translate the instructions.
■ Zur Bildung des *past perfect* wird *be* in die Zeitform des *past perfect (had been)* gesetzt.	We **had been** able to solve the problem. You **hadn't been** able to buy this house.
■ Auch das *will-future* kann mit der Ersatzform gebildet werden.	She **will be** able to pass the exam. You **will be** able to understand the function of modal verbs.

must und die Ersatzform _to have to_

Das Modalverb *must* bezieht sich auf die Gegenwart. Zur Bildung anderer Zeitformen braucht man die **Ersatzform _to have to_.** Im Präsens wie folgt:

Singular	**Plural**
I have to	we have to
you have to	you have to
he/she/it has to	they have to

■ Um das *simple past* zu bilden, wird *have to* in die Vergangenheit *(had to)* gesetzt.	I **had to** fix the car. She **had to** run to the dry-cleaner's before it closed.
■ Zur Bildung des *present perfect* wird *have to* in die Zeitform des *present perfect (has/have had to)* gesetzt.	He **has had to** go to bed and so he isn't here any longer.
■ Zur Bildung des *past perfect* wird *had to* in die Zeitform des *past perfect (had had to)* gesetzt. Die *present-perfect-* und *past-perfect*-Form sind sehr selten. Meist benutzt man das *simple past.*	They **had had to** book the flight before they could go on holidays.
■ Auch das *will-future* kann mit der Ersatzform gebildet werden *(will have to).*	They **will have to** support me. He **will have to** be nice to me if he wants me to help him.

■ Verneint wird *must* ebenfalls mit der Ersatzform. Im *present tense* wird dazu die Konstruktion *do + not + have to* + Verb verwendet. Die Verneinung im *past tense* erfolgt mit *did + not*. Zur Verneinung in den anderen Zeitformen wird *not* an das jeweilige Hilfsverb angehängt.	She **does not/doesn't have to** go to bed. You **don't have to** do that for me. I was invited to dinner last night. So I **didn't have to** pay. **Didn't** you **have to** tell your parents where you were going? I **will not have to** memorize all this, will I?
■ Achtung: Man kann *must* nicht einfach durch *must not* verneinen, denn *must not* drückt ein Verbot aus (nicht dürfen). *must* muss durch die Ersatzform oder durch *do + not + need to* (nicht brauchen) verneint werden.	I **must** go now. (Ich **muss** jetzt gehen.) I **must not** go. (Ich **darf nicht** gehen.) I **don't have to** go now. (Ich **muss** jetzt **nicht** gehen.) I **don't need to** go now. (Ich **brauche** jetzt **nicht** zu gehen.)

may und die Ersatzform *to be allowed to*

Das Modalverb *may* drückt die Gegenwart aus. Um andere Zeitformen zu bilden, benutzt man die **Ersatzform *to be allowed to.*** Im Präsens wie folgt:

Singular	**Plural**
I am allowed to	we are allowed to
you are allowed to	you are allowed to
he/she/it is allowed to	they are allowed to

■ Um das *simple past* zu bilden, wird *be allowed to* in die Vergangenheit gesetzt.	Last night I **was allowed to** stay up longer than usual. He **was allowed to** go to the youth club with his friends.
■ Zur Bildung des *present perfect* wird *be allowed to* in die Zeitform des *present perfect (has/have been allowed to)* gesetzt.	He **hasn't been allowed to** go there before. But now he is old enough. **Have** you **been allowed to** use her expensive mountain bike?
■ Zur Bildung des *past perfect* wird *be allowed to* in die Zeitform des *past perfect (had been allowed to)* gesetzt.	We **had been allowed to** camp out in their field.
■ Auch das *will-future* kann mit der Ersatzform gebildet werden.	I **will be allowed to** drive a car soon.

1.3 be, do, have

Die Verben *be, do* und *have* können sowohl als **Hilfsverb** *(auxiliary)* als auch als **Vollverb** *(main verb)* im Satz verwendet werden.

1.3.1 be, do, have als Hilfsverben (auxiliaries)

Werden *be, do* und *have* als Hilfsverben verwendet, helfen sie einem anderen Vollverb, Aussagen in einer anderen Zeitform zu machen. Sie sind notwendig für die **Zeitenbildung**.

Formen und Gebrauch	
■ Um die **Verlaufsformen** der Zeiten zu bilden, benutzt man eine Form von *be* und die *ing*-Form *(present participle)* des Vollverbs.	I **am** going to school. He **was** listening to his CDs all evening.
■ Das **Passiv** *(passive voice)* bildet man aus einer Form von *be* und dem Partizip Perfekt *(past participle)*.	He **is made** fun of. They **were born** in England.
■ *do* als Hilfsverb benutzt man, um Fragen *(questions)* ohne Fragewort (Entscheidungsfragen) einzuleiten, wenn kein anderes Hilfsverb zur Verfügung steht.	**Do** you like swimming? **Does** she understand me?
■ *do* wird als Hilfsverb auch für die Verneinung verwendet.	**Don't** yell at me! She **did not** come along. She was too tired.
■ Mit *have* als Hilfsverb bildet man das *present perfect* und das *past perfect*.	He **has** cleaned the bathroom. After he **had cleaned** the bathroom, he fixed dinner. **Have** you **seen** her lately?

1.3.2 be, do, have als Vollverben (main verbs)

Gebrauch	
be, do und *have* können als Vollverb jede Zeitform und das Gerundium bilden.	It is good **to be** here. **Have** you **done** that? Do you **have** a cold? **Being** late is a problem when you have to catch a train. **Doing** homework always takes too long. **Having** a headache is no fun.
■ *be* kommt als sogenanntes *linking verb* zum Einsatz.	I **am** a teacher. The cake **is** really tasty.
■ In Verbindung mit *there* entspricht es dem Deutschen „es gibt".	**There were** some interesting films on TV. Will **there be** enough chairs?

Gebrauch (Fortsetzung)	
do als Vollverb wird in verschiedenen **feststehenden Wendungen** gebraucht:	
■ *to do the work* (die Arbeit machen)	I always have to do his work.
■ *to do one's best* (sein Bestes tun/geben)	She does her best at school.
■ *to do somebody a favour* (jemandem einen Gefallen tun)	They did me a favour.
■ *to do without something* (ohne etwas auskommen)	I can do without it.
■ *to do damage to s.th./s.o.* (etwas/jemandem schaden)	It did a lot of damage to his reputation.
■ Im formalen britischen Englisch ist es üblich, im *simple present have + got* zu verwenden. In der Umgangssprache und im amerikanischen Englisch ist dies unüblich.	He **has** not **got** much money. I **have got** a present for you. I **haven't got** a pet.
■ *have* als Vollverb kann einerseits **Zustände** andererseits **Tätigkeiten** beschreiben.	I **have** too much to do. He **has** a headache. They **are having** a party. Tom **has** a new car. She **had** a drink.

2 Die Zeitformen des Verbs (tenses of the verb)

Im Englischen ist der Zeitengebrauch präziser als im Deutschen. Wenn man beispielsweise über die Zukunft spricht, verwendet man eine Zeitform, die sich auf die Zukunft bezieht. Im Deutschen steht dazu oft das Präsens. Die Unterscheidung zwischen *present tense* und *past tense* ist ebenfalls wichtig. Im Englischen gibt es zu jeder Zeitform eine Verlaufsform. Sie wird *progressive* oder *continuous form* genannt.

BLICKPUNKT

simple form
abgeschlossene Handlung
Tatsachen

continuous (or progressive) form
Handlung „im Verlauf"
momentan, im Verhältnis zu einer anderen Handlung

Zeitformen mit Bezug zur Gegenwart				
	present		present perfect	
Einfache Form (simple)	help, helps	She helps her father in the garden.	have/has helped	She has helped her father in the garden.
Verlaufsform (continuous)	am/are/is helping	She is helping her father in the garden.	have/has been helping	She has been helping her father in the garden.

Zeitformen mit Bezug zur Vergangenheit				
	past		past perfect	
Einfache Form (simple)	helped	She helped her father in the garden.	had helped	She had helped her father in the garden.
Verlaufsform (continuous)	was helping	She was helping her father in the garden.	had been helping	She had been helping her father in the garden.

Zeitformen mit Bezug zur Zukunft				
	present		will-future	
Einfache Form (simple)	help, helps	She helps her father in the garden. (↑ S. 39)	will help	She will help her father in the garden.
Verlaufsform (continuous)	am/are/is helping	She is helping her father in the garden.	will be helping	She will be helping her father in the garden.

Weitere Zeitformen mit Bezug zur Zukunft	
Zukünftiges kann mit zwei weiteren Zeitformen ausgedrückt werden:	
■ *going-to-future,*	She is going to help her father in the garden.
■ *will-future perfect.*	She will have helped him in the garden by next week.

2.1 present tense

Das *simple present* und das *present continuous* werden verwendet, um **gegenwärtige** Handlungen oder Zustände zu beschreiben.

2.1.1 simple present

Bildung		
■ Das *simple present* hat die **Form des Infinitivs.**	Singular	Plural
■ In der **3. Person Singular** wird ein *-s* (↑ S. 22) an den Infinitiv angehängt.	I run	we run
	you run	you run
	he/she/it runs	they run

Gebrauch	
■ Das *simple present* drückt aus, ob etwas **regelmäßig, häufig, oft, nie, normalerweise** oder auch **immer** geschieht. Deshalb werden in diesen Sätzen oft Häufigkeitsangaben verwendet wie: *always · never · often · sometimes · usually · on Mondays · every day · every week · every Friday · at the weekend*	I usually **go** to school. He does not **eat** fish. They always **go** on holiday to France. **At the weekend** I ride my bike. **Every Friday** we go out for dinner.
■ Man benutzt das *simple present*, – um Berufe, Hobbys, (Ab-)Neigungen oder typische Fähigkeiten zu beschreiben,	I **am** a doctor. He **rides** horses in his free time. My mother **does not listen** to pop music.
– um feststehende Gegebenheiten ohne zeitlichen Bezug zu beschreiben,	Winters **are** cold here.
– für die Inhaltsangabe von Büchern und Artikeln oder für die Berichterstattung im Fernsehen,	The novel **deals** with ... The Prime Minister **leaves** for Berlin today.
– in Nebensätzen der Zeit (*when*-Sätze) und der Bedingung (*if*-Sätze),	Dinner will be ready **when you come back.** She will help me **if I help her.**
– selten als Zeitform der Zukunft.	The coach **leaves** London at midnight.

2.1.2 present continuous

Bildung		
■ Das *present continuous*, auch *present progressive* genannt, wird aus einer Gegenwartsform des Hilfsverbs *be* und dem Partizip Präsens des Vollverbs gebildet.	Singular I am waiting you are waiting he/she/it is waiting	Plural we are waiting you are waiting they are waiting
■ Oft werden die Kurzformen verwendet. Sie lauten im Singular *'m/'re/'s* und im Plural *'re*.	**I'm writing** a letter. She**'s sleeping** on the sofa Hurry up, we**'re waiting!**	
■ Verneint wird das *present continuous* durch die Konstruktion *be* + *not* + Partizip Präsens.	I **am not writing** a letter. **Aren't you waiting** for a phone call? She **isn't sleeping** on the sofa.	

Gebrauch	
■ Man verwendet das *present continuous*, um Tätigkeiten und Vorgänge zu beschreiben, die gerade im Moment des Sprechens geschehen und noch nicht abgeschlossen sind. Häufig findet man Ausdrücke wie: *at the moment · right now · now · still · just*	At the moment it **is raining** outside. She **is preparing** breakfast just now. We **are** still **waiting** for him to arrive.
■ Man benutzt das *present continuous* auch, – wenn etwas nur **vorübergehend** oder **für eine bestimmte Zeit** geschieht,	I **am staying** at my parents' house **during the holidays.**
– in Verbindung mit *always*, wenn etwas **immer wieder**, aber **nicht regelmäßig** geschieht,	It **is always raining** when we go to Manchester.
– als Zeitform der Zukunft.	I cannot come **tomorrow.** I **am visiting** friends.
■ Verben der Sinneswahrnehmung bilden normalerweise kein *present continuous*.	to see, to taste, to feel

2.2 present perfect

Das *present perfect simple* und das *present perfect continuous* werden verwendet, um Handlungen oder Zustände zu beschreiben, die **Vergangenheit** und **Gegenwart** verbinden.

2.2.1 present perfect simple

Bildung	
■ Das *present perfect simple* wird aus *have* beziehungsweise *has* und dem Partizip Perfekt *(past participle)* des Vollverbs gebildet.	Singular: I have eaten · you have eaten · he/she/it has eaten Plural: we have eaten · you have eaten · they have eaten
■ Oft werden *have/has* als Kurzform *'ve/'s* verwendet.	I**'ve cleaned** my room. She**'s eaten** the cake. We**'ve dropped** the bag.
■ Verneint wird das *present perfect simple* durch die Konstruktion *have + not +* Partizip Perfekt.	I **have not cleaned** my room. He **hasn't broken** the window.

Gebrauch	
■ Das *present perfect simple* verwendet man, wenn von einem noch nicht abgeschlossenen Zeitraum die Rede ist. Ausdrücke, die mit dem *present perfect simple* einhergehen, sind zum Beispiel: *this week · this year · since last week · since October*	Tom **has** just **finished** the poem. We can read it now. They **have painted** their house this year. It's yellow now. I**'ve been** sick since last week.
■ Das *present perfect simple* kommt zum Einsatz, wenn „von irgendwann bis jetzt" die Rede ist. Etwas hat in der Vergangenheit begonnen und wirkt sich noch auf die Gegenwart aus. Ausdrücke, die mit dem *present perfect simple* einhergehen, sind zum Beispiel: *before · ever · just · never · so far · up to now · (not) yet*	The album **has been** very successful so far. **Have** you ever **thought** of buying it? No, I **have** never **heard** of it. I **have dreamt** of going to New York all my life.

2.2.2 present perfect continuous

Bildung	
■ Das *present perfect continuous* setzt sich zusammen aus *have/has + been +* Partizip Präsens des Vollverbs.	Singular: I have been sitting · you have been sitting · he/she/it has been sitting Plural: we have been sitting · you have been sitting · they have been sitting
■ Oft werden *have/has* als Kurzform *'ve/'s* verwendet.	We**'ve been discussing** this subject for weeks. **He's been eating** too much.
■ Verneint wird das *present perfect continuous* durch die Konstruktion *have/has + not + been + ing*-Form.	I **haven't been riding** my bike lately. He **has not been working** hard.

Gebrauch

- Man verwendet das *present perfect continuous*, um auszudrücken, dass eine Handlung oder ein Vorgang in der Vergangenheit begonnen hat, bis in die Gegenwart hinein andauert und noch weiter andauern kann. Zu den Ausdrücken, die mit dem *present perfect continuous* einhergehen, gehören: *how long …? · all day · all week · the whole day · the whole month · since last year · for one hour*

  I **have been waiting** for two hours now.
  He **has been sitting** here the whole morning.
  How long **has** she **been sleeping?**
  She **has been sleeping** for two hours.

- Man verwendet das *present perfect continuous*, wenn eine vergangene Handlung Folgen in der Gegenwart hat, die nicht beabsichtigt waren.

  I **have been playing** soccer. The window is broken now.
  I **have been painting** a picture. The flat is a mess now.

BESONDERS NÜTZLICH

Die Angabe von Zeitpunkt und Zeitspanne mit *since* und *for*

since und *for* mit dem present perfect

- *since* (seit) und *for* (seit) geben an, wann ein Geschehen begonnen hat, beziehungsweise wie lange es schon dauert.

since last week	for one week
since five o' clock	for three hours
since he was three	for seven years
since yesterday	for one day

- Beide werden mit dem *present perfect (simple* und *continuous)* verwendet.
- *since* bezeichnet den genauen **Zeitpunkt,** zu dem eine Handlung einsetzte.

  She has been reading **since 3 o' clock.**
  He has played the piano **since he was five years old.**

- *for* bezeichnet die **Zeitspanne,** wie lange ein Geschehen bereits dauert. Im Gegensatz zu *since* kann *for* auch mit anderen Zeiten gebraucht werden.

  Sue has been waiting for Tom **for one hour.**
  Lisa will be in Spain **for one week.**

Kein Präsens mit since oder for

Im Deutschen verwendet man oft das Präsens, wenn man ausdrücken möchte, wie lange etwas schon andauert:

Ich **lese** jetzt schon **seit** einer Woche in diesem Buch.

Im Englischen verwendet man dagegen **nie** das Präsens in Verbindung mit *since* oder *for.*

I **have been reading** this book **for** one week now.

2.3 past tense

Das *simple past* und das *past continuous* beschreiben Vorgänge, die in der **Vergangenheit abgeschlossen** wurden.

2.3.1 simple past

Regelmäßige Bildung

- Um das *simple past* zu bilden, hängt man die Endung ***-ed*** an den Infinitiv der regelmäßigen Verben.
- Die unregelmäßigen Verben bilden eigene Formen, die auswendig gelernt werden müssen.

Singular	Plural
I watched	we watched
you watched	you watched
he/she/it watched	they watched

Besonderheiten

Nach einem einzelnen betonten Vokal wird der Endkonsonant verdoppelt.	to stop → sto**pped**, to stir → sti**rred**
Das stumme -e am Ende des Infinitivs entfällt.	to love → lov**ed**, to starve → starv**ed**
Endet der Infinitiv auf Konsonant + *y*, wird das *-y* zu *-ie*, es wird nur noch ein *-d* angehängt.	to hurry → hurri**ed**, to worry → worri**ed**
Endet der Infinitiv auf Vokal + *y*, wird *-ed* an das *-y* angehängt.	to stay → sta**yed**, to enjoy → enjo**yed**
Der Endkonsonant *-l* wird nach unbetontem Vokal verdoppelt.	to travel → trave**lled**

Gebrauch

Das *simple past* beschreibt Handlungen oder Vorgänge, die zu einem bestimmten Zeitpunkt oder Zeitraum in der Vergangenheit stattgefunden haben und nun beendet sind. Zu den Ausdrücken, die mit dem *simple past* einhergehen, gehören: *ago · last weekend · last month · last year · in 1995 · yesterday*	The girl **went** home and **drank** a coke. Then she **took** her book and **read** a few pages. He **didn't enjoy** the party **last weekend.** I am sorry I **was** late **yesterday.** They **moved** to Wales **in 1995.**
Das *simple past* wird außerdem verwendet – bei Berichten, in Erzählungen und Geschichten,	Once upon a time there **was** a king and a queen. They **lived** in a big castle. One day the king **came** to his wife and **asked** her …
– um eine Reihenfolge von Handlungen zu beschreiben,	First, we **went** to the Statue of Liberty. Then we **took** the ferry to Ellis Island, where we **visited** a museum. Afterwards we **returned** to Manhattan and **walked** around the Wall Street district.
– in Nebensätzen der Bedingung (*if*-Satz, ↑ S. 80).	I would ring him if I **wanted** an answer.

BESONDERS NÜTZLICH

simple past als deutsches Perfekt

Im Deutschen wird meist das Perfekt benutzt, um über Ereignisse oder Zustände in der Vergangenheit zu berichten:
Ich bin gestern ins Kino gegangen und habe ein Eis gegessen.

Die entsprechende Zeitform im Englischen ist das *simple past:*
Yesterday I went to the cinema and ate an ice-cream.

2.3.2 past continuous

Bildung		
■ Das *past continuous* setzt sich aus der *simple-past*-Form von *be* und dem Partizip Präsens des Vollverbs zusammen.	Singular I was skiing you were skiing he/she/it was skiing	Plural we were skiing you were skiing they were skiing
■ Verneint wird das *past continuous* durch die Konstruktion *simple past* von *be* + *not* + Partizip Präsens.	He **was lying** in bed when his sister came home. His parents **were having** dinner. I **wasn't helping** my mother, I **was helping** my father. What **were** you **doing** when the accident happened? They **weren't paying** attention to the teacher.	

Gebrauch	
■ Das *past continuous* drückt aus, dass gerade ein Geschehen im Gang war, als ein neues Ereignis beziehungsweise eine neue Handlung eintrat. ■ Es wird verwendet, um die Gleichzeitigkeit von zwei Handlungen in der Vergangenheit darzustellen. ■ Das *past continuous* beschreibt Hintergründe und begleitende Umstände genauer.	I **was preparing** supper **when the phone rang.** You **were playing** the piano **when the cars crashed.** Dave **was eating** his dinner while he **was watching** TV. It was a lovely summer day. The sun **was shining**, the birds **were singing.**

2.3.3 simple past und past continuous

Unterschiede im Gebrauch	
Das *simple past* beschreibt eine Handlung oder einen Zustand in der Vergangenheit, der **abgeschlossen** ist.	We **had** an argument **this morning.** I **drank** too much coke **yesterday evening.**
Das *past continuous* drückt aus, dass zu einem bestimmten Zeitpunkt in der Vergangenheit eine Handlung gerade im Verlauf war. Die Handlung war zu diesem Zeitpunkt **noch nicht abgeschlossen.**	We **were having** an argument when the doorbell rang. I **was drinking** a glass of coke when he arrived.

2.3.4 simple past und present perfect

Unterschiede im Gebrauch	
Das *simple past* bezieht sich auf abgeschlossene Vorgänge in der Vergangenheit.	I **dreamt** about buying a new car **last night.** I **lived** in Manchester **between 1998 and 2001.** Now I live in London. I **broke** the window of the shed **last summer.**
Das *present perfect* stellt den Bezug zwischen einer Handlung in der Vergangenheit und der Gegenwart her.	I **have always dreamt** of having a fast car. My brother **has lived** in Manchester **for 15 years.** He **still lives there.** I **have just smashed** the window. **It's broken.** I have to repair it.

2.4 past perfect

Das *past perfect* entspricht im Deutschen dem Plusquamperfekt. Diese Zeitform verwendet man, um Ereignisse zu beschreiben, die sehr weit in der Vergangenheit zurückliegen. In Satzgefügen mit dem *past tense* weist das *past perfect* auf eine vorzeitige Handlung in der Vergangenheit hin.

2.4.1 past perfect simple

Bildung		
■ Das *past perfect simple* setzt sich aus *had* und dem Partizip Perfekt des Verbs zusammen.	Singular I had dreamt you had dreamt he/she/it had dreamt	Plural we had dreamt you had dreamt they had dreamt
■ Oft wird *had* als Kurzform *'d* verwendet. ■ Verneint wird das *past perfect simple* durch die Konstruktion *had* + *not* + Partizip Perfekt.	We **had** already **eaten** when our friends arrived. She**'d** already **seen** it before anyone else. They **had not believed** the little child, but she **had told** the truth.	

Gebrauch	
■ Mit dem *past perfect simple* setzt man eine Handlung in der Vergangenheit zeitlich vor eine andere Handlung in der Vergangenheit. Man nennt das Vorvergangenheit.	She **had returned** the keys before she left. He **had** already **cooked** dinner when Sue arrived home from work.
■ Folgen Handlungen oder Zustände in der Vergangenheit in sehr **kurzen Abständen** aufeinander, so wird das *simple past* in allen Sätzen verwendet.	I **bought** the coffee when I **went** home. When I **felt** the rain, I **took** out my coat.

2.4.2 past perfect continuous

Bildung		
■ Das *past perfect continuous* setzt sich zusammen aus *had* + *been* + Partizip Präsens des Vollverbs.	Singular I had been sleeping you had been sleeping he/she/it had been sleeping	Plural we had been sleeping you had been sleeping they had been sleeping
■ *had* wird auch als Kurzform *'d* verwendet. ■ Verneint wird das *past perfect continuous* durch die Konstruktion *had* + *not* + *been* + Partizip Präsens.	**She'd been waiting** long before the bus came. They **had not been watching** television for long when there was a blackout.	

Gebrauch	
■ Wie das *past perfect simple* setzt das *past perfect continuous* Handlungen in der Vergangenheit in ein zeitliches Verhältnis zueinander.	They **had been driving** for hours when the car broke down.
■ Das *past perfect continuous* drückt aus, dass eine Handlung oder ein Zustand in der Vergangenheit andauerte, als ein anderes Ereignis einsetzte. Das einsetzende Ereignis steht im *simple past.*	I **had been waiting** for my interview for half an hour when I started to feel nervous.

2.5 Die Zukunft (future)

Die englische Sprache kennt unterschiedliche Möglichkeiten, über Zukünftiges zu sprechen. Dazu müssen bestimmte Regeln des Gebrauchs beachtet werden. Manchmal ist eine genaue Abgrenzung schwierig.

BLICKPUNKT

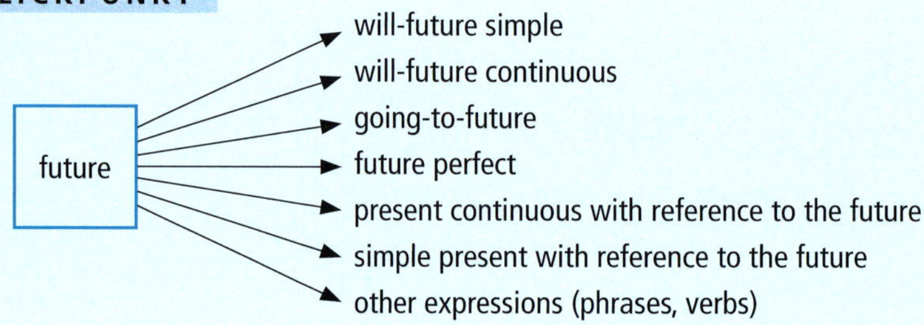

2.5.1 will-future (simple)

Bildung

■ Das *will-future* setzt sich aus *will* und dem Infinitiv (ohne *to*) des Vollverbs zusammen.	Singular I will go you will go he/she/it will go	Plural we will go you will go they will go
■ Oft wird anstelle von *will* die Kurzform *'ll* verwendet. ■ Verneint wird das *will-future* durch die Konstruktion *will + not* + Verb. Die umgangssprachliche Kurzform dafür lautet *won't*.	I **will be** there. → I**'ll be** there. She**'ll tell** you all about it. They **will not agree** with you. **Will** he **keep** the secret? No, he **won't.**	

Gebrauch

■ Man verwendet das *will-future* für **allgemeine Vorhersagen** oder wenn man **vermutet,** dass etwas in der Zukunft geschehen bzw. so sein wird (Annahmen).	People **will buy** lots of presents for Christmas. **He thinks** you **will go** with him to the cinema.
■ Oft handelt es sich dabei um Gegebenheiten, die man selbst nicht beeinflussen kann.	It **will be** hot next summer.
■ Außerdem wird das *will-future* verwendet, wenn sich jemand **spontan** zu etwas entschließt, zum Beispiel bei Plänen und Angeboten.	It's getting cold. I**'ll get** a jumper. I'm thirsty. I think I**'ll get** myself something to drink.

2.5.2 will-future (continuous)

Bildung

■ Das *will-future continuous* setzt sich aus *will + be* + Partizip Präsens zusammen.	Singular I will be going you will be going he/she/it will be going	Plural we will be going you will be going they will be going
■ Oft wird anstelle von *will* die Kurzform *'ll* verwendet. ■ Verneint wird das *will-future continuous* durch die Konstruktion *will + not* + Partizip Präsens. Die umgangssprachliche Kurzform dafür lautet *won't*.	She**'ll be staying** with her aunt for a while. He **will not be travelling** to Asia next month. I **won't be going** out today.	

Gebrauch

Man verwendet das *will-future continuous,*	
■ um normale, vorhergesehene Handlungen oder Ereignisse auszudrücken oder	The train **will be arriving** at Munich main station at 5 o' clock.
■ wenn etwas Zukünftiges „sowieso" eintreten wird, ob geplant oder nicht.	I cannot come along. We**'ll be writing** a test then. She **won't be coming** anymore. It is too late now.

2.5.3 going-to-future

Bildung

Das *going-to-future* setzt sich aus der Präsensform von *be* + *going to* + Infinitiv zusammen.

Singular	Plural
I am going to drive	we are going to drive
you are going to drive	you are going to drive
he/she/it is going to drive	they are going to drive

Gebrauch

Man verwendet das *going-to-future*,

- um darüber zu sprechen, welche **Pläne** oder **Absichten** jemand hat,

  I **am going to go** to Spain in September.
  What **are** you **going to study** when you have your A-levels?

- wenn man stark **davon ausgeht,** dass etwas geschehen wird bzw. so sein wird, da es bereits **Hinweise** dafür gibt.

  There are lots of clouds. It'**s going to rain** soon.
  They argue a lot. They **are going to split up.**

2.5.4 future perfect

Bildung

- Das *future perfect* setzt sich aus *will* + *have* + Partizip Perfekt zusammen.

Singular	Plural
I will have gone	we will have gone
you will have gone	you will have gone
he/she/it will have gone	they will have gone

- Verneint wird es durch *will* + *not* + *have* + Partizip Perfekt.

  Will you **have finished** your homework by 5 o'clock this afternoon?
  No, we **will not have finished** it by then.

Gebrauch

- Das *future perfect* beschreibt, dass Vorgänge, Handlungen oder Zustände zu einem bestimmten Zeitpunkt in der Zukunft abgeschlossen sein werden. Oft wird dieser Zeitpunkt dabei benannt.

  When I am fifty years old, I **will have travelled** to the U.S.
  In August next year I **will have finished** my exams.

- Das *future perfect* dient dazu, Vermutungen über vergangenes Geschehen in der Zukunft anzustellen.

  I assume she **will have left** the keys at home.

2.5.5 present continuous mit zukünftiger Bedeutung

Das *present continuous* kann darauf verweisen, dass man etwas in der Zukunft fest vorhat. Eine Zeitangabe oder der Zusammenhang verdeutlicht, dass die Handlung in der Zukunft und nicht in der Gegenwart liegt.

Would you like to go to the cinema **tonight?** – No, I can't. I **am tidying up** my room. I promised.

2.5.6 simple present mit zukünftiger Bedeutung

Das *simple present* wird nur selten als Zeitform für künftige Handlungen gebraucht. Es wird vor allem für feststehende Termine verwendet. Deswegen nennt man es auch *timetable future*.	The train **leaves** the station at 7 o' clock tonight. The theatre **closes** at midnight. They **arrive** at Heathrow Airport at 8.25 a.m.

2.5.7 Der Gebrauch zukünftiger Zeitformen

Unterschiede im Gebrauch	
■ Nicht immer sind die verschiedenen Arten, Zukünftiges auszudrücken, eindeutig voneinander zu unterscheiden. In einigen Fällen ist es durchaus möglich, mehr als eine Zeitform zu verwenden.	We**'re going** to London in May. (present continuous, future meaning) We **are going to go** to London in May. (going-to-future) When I am older I **will** learn to **play** the piano. (will-future) When I am older I **am going to play** the piano. (going-to-future)
■ Im Deutschen verwendet man oft das **Präsens,** um Zukünftiges auszudrücken. Im Englischen sind die Regeln jedoch strikter.	He is sure that she **will phone**. (Er ist sich sicher, dass sie **anruft**.)

2.5.8 Feste Ausdrucksweisen für die Zukunft

Merkmale	
■ Es gibt Verben, deren Bedeutung zukünftig ist. Dazu gehören: *expect to · hope to · want to · wish to · would like to*	I **expect him to pass** the exam. I **wish to see** the manager. She **would like to come and visit** you next year.
■ Die Wendung *be to* + Infinitiv sagt aus, dass ein offizielles Ereignis in der Zukunft stattfinden wird.	The prime minister **is to give** a speech on TV tonight. The Royal family **are to celebrate** the Queen's birthday in June.
■ Die Wendung *about to do something* wird verwendet, um auszudrücken, dass man etwas in sehr naher Zukunft tun wird. Man ist also fast schon dabei es zu tun bzw. „auf dem Sprung".	She's **about to leave** for Heathrow. I **am about to cry**.
■ Es gibt Wendungen, die ausdrücken, dass etwas sicher, wahrscheinlich oder auch unwahrscheinlich in der Zukunft geschehen wird. Dazu gehören: *be certain to · be sure to · be likely to · be unlikely to*	I **am sure to pass** the exam. It's **unlikely to rain** in London next week.

3 Das Passiv (passive voice)

In einem Aktivsatz führt das Subjekt eine Handlung aus. Einen Passivsatz verwendet man, wenn mit dem Subjekt etwas geschieht. Im Passivsatz wird meist nicht erwähnt, wer etwas tut, weil dies entweder unklar oder unwichtig ist. Vielmehr wird die Person oder die Sache, mit der etwas geschieht, hervorgehoben.

3.1 Die Verbformen des Passivs

Bildung	
Das Passiv wird mit einer Form des Hilfsverbs *be* und dem Partizip Perfekt (↑ S. 52) gebildet.	Soccer **is played** all over the world. The play **was written** by Stoppard.

Formen des Passivs	Aktiv	Passiv
simple present	We watch a movie every Saturday.	A movie **is watched** every Saturday.
present continuous	We're watching a movie at the moment.	A movie **is being watched** at the moment.
simple past	We watched a movie yesterday.	A movie **was watched** yesterday.
past continuous	We were watching a movie when he entered the room.	A movie **was being watched** when he entered the room.
present perfect simple	We have watched a movie.	A movie **has been watched.**
past perfect simple	We had watched a movie.	A movie **had been watched.**
will-future	We will watch a movie tomorrow.	A movie **will be watched** tomorrow.
future perfect	We will have watched a movie.	A movie **will have been watched.**
conditional perfect	We would have watched a movie if we had not come home so late.	A movie **would have been watched** if we had not come home so late.
Modalverben	We can/must watch a movie.	A movie **can/must be watched.**

3.2 Das Passiv bei Verben mit einem Objekt

Bildung	
Alle Verben, die im Aktivsatz ein Objekt besitzen, können einen Passivsatz bilden.	Aktiv: I read **a book.** Passiv: **A book** was read.

Bildung (Fortsetzung)	
■ Wandelt man einen Aktivsatz in einen Passivsatz um, so wird das **direkte Objekt** das **Subjekt der Passivkonstruktion**.	Subjekt – direktes Objekt Aktiv: The pupils greeted **the teacher.** Passiv: The **teacher** was greeted.
■ Zu den Verben, die ein direktes Objekt erfordern, gehören: *advise · approach · follow · forgive · help · meet · pardon · please · remember · thank · trust*	Aktiv: I can't forgive **my sister** for what she's done. Passiv: **She** can't be forgiven for what she's done.
■ Will man in einem Passivsatz ausdrücken, wer oder was etwas tut, fügt man die Person oder Sache mit der Präposition *by* an das Ende des Satzes.	The teacher was greeted **by the pupils.** These photographs were taken **by my brother.** The cyclist was hit **by a fast car.**

3.3 Das Passiv bei Verben mit zwei Objekten

Bildung	
Viele Verben erfordern ein direktes und ein indirektes Objekt (↑ S. 73). Wenn Verben mit einem direkten und einem indirekten Objekt verbunden sind, können zwei verschiedene Passivsätze gebildet werden.	Aktiv: I told you a secret. 1) Passiv: You were told a secret. 2) Passiv: A secret was told to you.
1) Das **indirekte Objekt** (ohne *to*) wird das **Subjekt** des Passivsatzes. Das direkte Objekt bleibt unverändert: Diese Art der Passivkonstruktion wird auch persönliches Passiv genannt, da hier eine Person das Subjekt des Passivsatzes bildet. Solche Sätze werden oft mit „man" ins Deutsche übersetzt.	Subjekt + Verb – indirektes Objekt – direktes Objekt The company offered – **Kate** – a job. **Kate** was offered – a job. Aktiv: The parents promised **their daughter** a horse. Passiv: **She** was promised a horse. (Man hat ihr ein Pferd versprochen.)
2) Das **direkte Objekt** wird das **Subjekt** des Passivsatzes. Vor dem indirekten Objekt steht im Passivsatz die Präposition *to*.	Subjekt + Verb – indirektes Objekt – direktes Objekt The company offered – **Kate** – a job. **A job** – was offered – **to** Kate.
Bei Verben, die auch im Aktivsatz ein indirektes Objekt mit *to* erfordern, kann nur das direkte Objekt das Subjekt des Passivsatzes werden.	Subjekt + Verb – direktes Objekt – indirektes Objekt The teacher explains – the rules – **to** the class. The rules are explained – **to** the class.

3.4 Das Passiv bei Verben mit Präposition + Objekt

Bildung

- Viele Verben sind mit einer bestimmten Präposition verbunden.
- Wandelt man einen Aktivsatz, der ein Verb mit einer Präposition besitzt, in einen Passivsatz um, so ändert sich die Position der Präposition nicht. Die Präposition bleibt direkt nach dem Verb stehen.

Aktiv: You can't rely **on** him.
Passiv: He can't be relied **on.**
Aktiv: Her older brother **didn't look after** the baby.
Passiv: The baby **wasn't looked after** by her older brother.
Aktiv: They had **thought of** everything.
Passiv: Everything had been **thought of.**

3.5 Besondere Passivkonstruktionen

Bildung

- Der Infinitiv kann im Passiv stehen. Die Infinitivform des Passivs kommt im Präsens und im Perfekt vor.

Präsens: Our cat loves **to be played with.**
Perfekt: My opinion should **have been asked** before telling the headmaster.

- Wie der Infinitiv kommt auch das Gerundium im Passiv in den Zeitformen Präsens und Perfekt vor.

Präsens: Teenagers hate **being treated** like children.
Perfekt: They denied **having been informed** about what happened.

- Passiv nach Modalverben

Everything must **be considered.**
How often do you have to **be told?**

- In der Umgangssprache wird anstatt des Hilfsverbs *be* auch *get* verwendet, wenn das Passiv einen **Vorgang** und keinen Zustand ausdrückt.

Nobody **got hurt** in the accident.
Every flight **got delayed** because of a computer problem.

3.6 Das unpersönliche Passiv (impersonal passive)

Bildung und Gebrauch

- Das unpersönliche Passiv wird oft in Zeitungsartikeln eingesetzt. Der Sprecher oder Schreiber gibt dadurch zu erkennen, dass die Erkenntnis oder die Information nicht unbedingt gesichert ist. Es wird folgendermaßen gebildet:
  it + Form von *be* + *past participle* + *that*

It is reported that hundreds of people were killed in the floods.
(auch möglich: Hundreds of people are reported to have been killed in the floods.)

- Häufig steht es nach folgenden Verben:
  thought · believed · reported · known · expected · understood · said

It is said that he is quite ill.
(auch möglich: He is said to be quite ill.)

DAS VERB II

1 Der Infinitiv (infinitive)

Der Infinitiv gehört wie das Gerundium und die Partizipien zu den **infiniten** (unveränderbaren) **Verbformen.** Sie geben keine näheren Informationen zu Person und Numerus.

Merkmale	
Alle Verben (außer den modalen Hilfsverben, ↑ S. 24) können einen Infinitiv bilden. Man unterscheidet zwei Arten von Infinitiven: ■ den Infinitiv mit *to*, ■ den Infinitiv ohne *to*.	Would you like **to go** to a restaurant tonight? Sorry, I can't **spend** any more money this month.

Zeitformen des Infinitivs

	Präsens	Perfekt
Aktiv	to play Initially, Sarah wanted **to clean** her bike right after coming back.	to have played Tom shouldn't **have told** Mum about it. She gets upset so easily.
Verlaufsform (continuous)	(to) be playing	(to) have been playing
Passiv	(to) be played But then she decided that it might as well **be cleaned** tomorrow.	(to) have been played I should **have been told** first.

1.1 Der Infinitiv mit to

1.1.1 Nach bestimmten Verben

Der Infinitiv mit *to* kann nach vielen Verben verwendet werden. Dazu gehören:
ask · afford · agree · appear · claim · decide · deserve · expect · fail · forget · hope · manage · mean · offer · plan · promise · refuse · seem · threaten · try · want · would hate · would love

They were **asked to leave** the pub at once, but they **refused to go.**
I can't **afford to buy** a new pair of trainers.
They **deserve to win.**
I didn't **mean to hurt** you.

1.1.2 Nach Adjektiven

Der Infinitiv mit *to* kann nach bestimmten Adjektiven verwendet werden. Dazu gehören:
astonished · cheap · dangerous · difficult · easy · expensive · glad · happy · hard · interesting · impossible · lucky · nice · pleased · ready · safe · sorry · surprised

It is **difficult to say** which class is more interesting.
It is **expensive to buy** CDs.
Nice to see you again! Are you **ready to go?**
She was **pleased to meet** him.
Is it **safe to travel** there?
I was **sorry to hear** that your uncle and aunt split up.
I was **surprised to hear** that she's **afraid to go out** alone at night.

1.1.3 Nach Substantiven

Der Infinitiv mit *to* kann nach bestimmten Substantiven verwendet werden. Dazu gehören:
ability · attempt · decision · desire · plan · promise · time

His **ability to learn** vocabulary is impressive.
The **attempt to save** her life was successful.
It was a wise **decision not to go** out.
His **plans to travel** to Africa fell through.
It's **time to say** goodbye.

1.1.4 Nach Verben mit Objekt

Zwischen manchen Verben und dem Infinitiv kann ein Objekt stehen. Diese Konstruktion (Verb + Objekt + Infinitiv) drückt aus, dass das Subjekt des Satzes jemanden **veranlasst, bittet** oder **ermutigt,** etwas zu tun. Entweder wird die Person benannt *(the class, Sue)* oder durch ein Personalpronomen in der Objektform (↑ S. 14) bezeichnet. Zu den Verben, die sich für diese Konstruktion eignen, gehören:
ask · advise · beg · allow · consider · cause · encourage · expect · get · invite · order · permit · persuade · tell · warn · want · would like

Mr Connor **asked the class to be** quiet.
He **encouraged Sue to talk** louder.
Once a week our parents **allow us to stay up** late.
The events **caused them to reconsider** their decision.
I **would like you to come** to my house for dinner next Friday.

1.1.5 Nach einem Fragewort

Der Infinitiv mit *to* kann nach den Fragewörtern *how, what, when, where, whether, which oder why* verwendet werden. Auf diese Weise kann ein Nebensatz, der ein Fragewort und ein modales Hilfsverb beinhaltet, verkürzt werden.

I wondered **what to say** to him. (I wondered **what I should say** to him.)
Mrs Brown explained to me **how to use** the new computer programme.
They couldn't decide **whether to go** or **to stay.**
Do you know **how to switch on** this mobile phone?

1.1.6 Nach in order to

Der Infinitiv mit *to* kann nach *in order to* stehen, wenn ein Zweck (um … zu) zum Ausdruck gebracht werden soll.

He learnt English **in order to speak** to his relatives from Ireland.
She opened the window **in order to let in** some fresh air.

1.1.7 In bestimmten Redewendungen

Einige Redewendungen beginnen mit einem Infinitiv. Sie stehen am Anfang eines Satzes und beziehen sich auf den gesamten Satz. Sie drücken häufig die Meinung des Sprechers aus.
Dazu gehören:
to tell the truth (um die Wahrheit zu sagen) · *to be frank* (offen gesagt) · *to be honest* (um ehrlich zu sein) · *to be fair* (der Fairness halber) · *to sum up* (zusammenfassend) · *to cut a long story short* (lange Rede, kurzer Sinn)

To tell you the truth, I never liked your brother.
To be honest, I don't know the answer.
To be frank, I didn't like the movie.

1.2 Der Infinitiv ohne to

1.2.1 Nach Verben der Wahrnehmung

Verben der Wahrnehmung *(verbs of perception)* wie *see, watch, hear, observe* oder *feel* können mit einem Objekt und dem Infinitiv ohne *to* verbunden werden.

We **heard them argue** over money.
(Wir hörten, wie sie über Geld stritten.)
I **observed her leave** the house.
(Ich beobachtete, wie sie das Haus verließ.)

1.2.2 Nach den Verben **make** und **let**

let und *make* können mit einem Objekt und dem Infinitiv ohne *to* verbunden werden.	
■ Die Konstruktion *make* + Objekt + Infinitiv bedeutet, dass jemand gezwungen wird, etwas zu tun, oder dass jemand etwas veranlasst.	I'm not going to **make** you **stay.** Sunshine **makes** me **feel** happy.
■ *let* + Objekt + Infinitiv drückt aus, dass jemand etwas erlaubt oder zulässt.	**Let** me **give** you some advice. **Let** them **make** their own mistakes.

2 Das Gerundium (gerund)

Bildung und Gebrauch

Zur Bildung des Gerundiums wird dem Infinitiv des Verbs die Endung *-ing* angehängt (↑ S. 23). Man nennt diese Form deshalb auch *ing*-Form.	be → be**ing** go → go**ing** speak → speak**ing**
Das Gerundium ist in seinem Gebrauch dem Substantiv sehr ähnlich. Es kann in der Funktion des **Subjekts** und des **Objekts** eines Satzes auftreten.	**Running** is good fun. (*running* ist das Subjekt des Satzes.) He gave up **smoking** recently. (*smoking* ist das Objekt des Satzes.)

Formen

Wie der Infinitiv kann das Gerundium im Aktiv und im Passiv in den Zeitformen Präsens und Perfekt gebildet werden:

	Präsens	Perfekt
Aktiv	playing	having played
Passiv	being played	having been played

2.1 Nach Verben

Das Gerundium kann als Objekt nach bestimmten Verben stehen. Dazu gehören:
admit · avoid · consider · delay · deny · dislike · enjoy · finish · imagine · keep · mind · miss · need · postpone · practise · resist · stop · suggest · understand

Have you **considered moving** out of the city?
Matthew **denied having eaten** all of the cake.
Anna **enjoys hiking** in the Alps.
Stop arguing. There's no point.
They **suggested not giving in** to all of the demands.

BESONDERS NÜTZLICH

Verben mit oder ohne Infinitiv und Bedeutungsänderungen

- Nach den Verben *begin, bother, continue, hate, intend, love* und *start* kann sowohl das Gerundium als auch der Infinitiv stehen. Eine Bedeutungsänderung findet nicht statt.
  Chris **continued working** in London.
  Chris **continued to work** in London.
  He **loves to live** close to his friends.
  He **loves living** close to his friends.

- Auch nach den Verben *forget, remember, stop, go on* und *try* kann das Gerundium oder der Infinitiv folgen. Allerdings ändert sich hier die Bedeutung.

forget

Don't **forget to buy** envelopes at the post office.
(Vergiss nicht, Umschläge auf der Post zu kaufen.)
forget to do something
(vergessen, **etwas zu tun**)

I'll never **forget trekking** in the Himalayas.
(Ich werde nie vergessen, wie ich im Himalaya trekken ging.)
forget doing something
(vergessen, **etwas getan zu haben**)

remember

I must **remember to go** to the bank today.
(Ich muss daran denken, heute zur Bank zu gehen.)
remember to do something
(**daran denken,** etwas zu tun)

I **remember meeting** Andy's mother last week.
(Ich erinnere mich daran, dass ich Andys Mutter letzte Woche getroffen habe.)
remember doing something
(**sich daran erinnern,** dass man etwas getan hat)

stop

Why do boys never **stop to ask** for directions?
(Warum halten Jungen nie an, um nach einer Wegbeschreibung zu fragen?)
stop to do something
(**anhalten,** um etwas zu tun)

She **stopped going out** after her best friend died.
(Sie hörte auf auszugehen, nachdem ihr bester Freund gestorben war.)
stop doing something
(damit **aufhören,** etwas zu tun)

go on

First, she told us about her last summer holiday. Then she **went on to talk** about her plans for next year.
(Zuerst erzählte sie uns von ihrem letzten Sommerurlaub. Dann erzählte sie uns von ihren Plänen für das kommende Jahr.)
go on to do something
(dazu **übergehen,** etwas anderes zu tun)

He **went on watching** television even though his parents had asked him to go to bed.
(Er schaute weiter Fernsehen, obwohl seine Eltern ihn gebeten hatten, ins Bett zu gehen.)
go on doing something
(damit **weitermachen,** etwas zu tun)

try

I **tried to find** my keys, but I couldn't find them.
(Ich habe mich bemüht, meine Schlüssel zu finden. Aber ich konnte sie nicht finden.)
try to do something
(**sich bemühen,** etwas zu tun)

I **tried snowboarding** last winter, but I didn't enjoy it.
(Letzten Winter probierte ich Snowboarden aus, aber es gefiel mir nicht.)
try doing something
(etwas **ausprobieren**)

2.2 Nach Verben mit Präposition

Das Gerundium folgt auf Verben, die mit einer bestimmten Präposition verbunden sind. Dazu gehören:
agree ***with*** · *apologize* ***for*** · *concentrate* ***on*** · *complain* ***about/of*** · *cope* ***with*** · *decide* ***against*** · *depend* ***on*** · *die* ***of*** · *dream* ***about/of*** · *feel* ***like*** · *give* ***up*** · *insist* ***on*** · *keep* ***on*** · *look* ***forward to*** · *succeed* ***in*** · *take part* ***in*** · *talk* ***about/of*** · *think* ***of***

I **apologize for being** rude to you last night.
David and Sue **concentrated on doing** their homework.
Why do you always **insist on being** right?
Why do you **keep on asking** questions?
I'm **looking forward to seeing** you on Sunday.
They **succeeded in solving** all their Maths problems.
I heard them **talk of visiting** grandmother in the summer holidays.

2.3 Nach Verben mit Objekt und Präposition

Das Gerundium folgt auf Verben mit Präpositionen, auch wenn ein **Objekt** zwischen Verb und Präposition steht. Die Wortstellung ist demzufolge: **Verb + Objekt + Präposition + Gerundium.**

The headmaster **accused me of stealing** the new overhead projector.
Could you please **prevent her from talking** nonsense?
Don't you want to **congratulate your brother on passing** his driving test?
Thank you for organizing a surprise party for me.
I don't know whether I can **forgive you for forgetting** my birthday.
My parents didn't **stop us from going** on the trip, but they **warned us against taking** any risks.

2.4 Nach Substantiven mit Präposition

Das Gerundium folgt auf bestimmte Substantive, wenn sie mit einer Präposition verwendet werden. Dazu gehören:
advantage ***of*** · *chance* ***of*** · *difficulties* ***in*** · *doubt* ***about*** · *danger* ***of*** · *experience* ***in*** · *hope* ***of*** · *idea* ***of*** · *interest* ***in*** · *method* ***of*** · *(no) point* ***in*** · *possibility* ***of*** · *problem* ***of*** · *reason* ***for***

Is there any **doubt about** him **being** involved in the affair?
Luckily, they didn't have any **difficulties in changing** their flights.
Alan showed great **interest in joining** our team.
On the motorway you're always **in danger of having** an accident.
There's **no point in trying** to phone again. They're not at home.

2.5 Nach Adjektiven mit Präposition

Das Gerundium folgt nach bestimmten Adjektiven, die mit Präpositionen stehen. Dazu gehören:
be accustomed ***to*** · *be* ***against /for*** · *be afraid* ***of*** · *be angry* ***about*** · *be capable* ***of*** · *be delighted* ***about*** · *be enthusiastic* ***about*** · *be fed up* ***with*** · *be famous* ***for*** · *be good / bad* ***at*** · *be happy* ***about*** · *be impressed* ***with*** · *be keen* ***on*** · *be proud* ***of*** · *be sorry* ***for /about*** · *be tired* ***of*** · *be used* ***to*** · *be worried* ***about***

They were **afraid of being bitten** by mosquitoes.
Joe is **keen on learning** how to play the drums.
I'm **fed up with trying** to repair my camera, I'll get a new one.
The Johnsons are **famous for organizing** big barbecues in the summer.
He's not **used to running** long distances.

BESONDERS NÜTZLICH

Die verschiedenen Bedeutungen von *used to* + Infinitiv und *used to* + Gerundium

used to + Infinitiv hat eine andere Bedeutung als *be used to* + Gerundium:

He **used to pick** fruit in the summer to earn some extra cash.
(Früher hat er im Sommer Früchte gepflückt.)

used to do something
(ein Zustand oder eine Gewohnheit, die nicht mehr existiert)

Then he quit the job. Now he **is not used to working** hard any more.
(Jetzt ist er es nicht mehr gewöhnt, hart zu arbeiten.)

be used to doing something
(gewohnt sein, etwas zu tun)

2.6 Nach Präpositionen

Das Gerundium kann nach Präpositionen stehen. Übersetzt man das Gerundium ins Deutsche, so verwendet man einen Nebensatz (1) oder eine Infinitivkonstruktion (2). Zu den Präpositionen gehören:
after · before · instead of · for · by · without

(1) **After having played** in small pubs for years and years they suddenly became famous. (Nachdem sie jahrelang in kleinen Kneipen gespielt hatten, ...)
(2) **Instead of going crazy** they remained level-headed guys. (Anstatt durchzudrehen, ...)

2.7 In bestimmten Redewendungen

Das Gerundium kann nach bestimmten Redewendungen stehen. Dazu gehören:
can't stand · can't help · it's no use / good · be busy · be worth · spend / waste (time) · How about ...?

I **can't stand having** to get up at six in the morning.
But it's **no use complaining.**
She was **busy reading** a magazine.
He **wasted a lot of time trying** to find an interesting article. Then he decided that the magazine was **not worth reading.**
How about getting a better newspaper next time?

3 Die Partizipien (participles)

Formen

Man unterscheidet zwei Arten von Partizipien:	
■ das **Partizip Präsens** *(present participle)*,	I saw him **riding** his bike.
■ das **Partizip Perfekt** *(past participle)*.	It was **painted** blue.

Bildung

■ Zur Bildung des **Partizip Präsens** wird dem Infinitiv des Verbs die Endung *-ing* angehängt (↑ S. 23).	pick → pick**ing**, talk → talk**ing**, drop → drop**ping**, swim → swimm**ing**
■ *Achtung:* Diese Form ist mit der des Gerundiums identisch, sie wird aber anders gebraucht.	
■ Zur Bildung des **Partizip Perfekt** wird dem Infinitiv der regelmäßigen Verben die Endung *-ed* hinzugefügt.	walk → walk**ed**
Die unregelmäßigen Verben bilden eigene Formen.	drink → **drunk**, catch → **caught**, put → **put**

3.1 Das Partizip Präsens (present participle)

Gebrauch

Das Partizip Präsens wird zur Bildung folgender Zeiten verwendet:	
■ *present continuous*,	He **is slicing** onions.
■ *will-future continuous*,	They **will be going** to the movies tonight.
■ *past continuous* und	She **was running** down the street.
■ *present perfect continuous*.	We**'ve been looking** for our dog.

3.1.1 Nach Verben der Sinneswahrnehmung

■ Das Partizip Präsens steht nach Verben der Sinneswahrnehmung *(verbs of perception)*. Hierbei wird betont, dass der **Handlungsablauf noch nicht abgeschlossen** ist. Dazu gehören: *see · hear · watch · notice · smell · feel*	I **heard** her **unlocking** the door. Everyone **saw** her **tip-toeing** through the corridor. She didn't **notice** me **sitting** in the armchair.
■ Nach Verben der Sinneswahrnehmung kann auch der **Infinitiv** stehen, wenn betont werden soll, dass eine **Handlung abgeschlossen** ist.	The whole class **watched** her **get** up, **go** to the wastepaper basket and **spit** out her chewing gum.

3.1.2 Nach Verben der Bewegung und Ruhe

Das Partizip Präsens kann nach Verben der Bewegung und Ruhe *(verbs of motion and rest)* stehen. Dazu gehören:
come · go · stand · remain · sit · lie · stay

Do you want to go **shopping** tomorrow?
They came **marching** down the lane.
The couple stood **talking** in front of her house.
She lay in bed **tossing** and **turning** all night.

BESONDERS NÜTZLICH

Das Partizip Präsens nach bestimmten Verben und in Redewendungen

- Nach den Verben *keep, leave, catch* und *find* kann das Partizip Präsens folgen.
  They **kept** her **waiting** for ages.
  He was **caught watching** television late at night.
- Häufig folgt das Partizip Präsens auf *there is / there was.*
  There were crocodiles **lying** on the river bank.
  Are there any tourists **waiting** for the guided tour?
- Folgende Redewendungen mit dem Partizip Präsens sind gebräuchlich:
  talking of · time permitting · weather permitting · generally speaking · strictly speaking
  Talking of sports, did you play cricket yesterday?
  Time permitting, I'll help you move.
  Generally speaking, this is the case.

3.2 Das Partizip Perfekt (past participle)

Gebrauch

- Das Partizip Perfekt wird zur Bildung der Zeiten
  – *present perfect,* — We'**ve been** here before, haven't we?
  – *past perfect,* — When we arrived at school, the bell **had** already **rung.**
  – *future perfect* — By the time we get to the theatre, the play **will have started.**
- und zur Bildung von Passivkonstruktionen verwendet. — We **were directed** to our seats by the usher.

***have* + Objekt + Partizip Perfekt**

- Das **Partizip Perfekt** wird in dieser Konstruktion verwendet, um auszudrücken, dass jemand anderes etwas für einen selbst/jemand anderen tut. Umgangssprachlich wird ***have*** auch durch ***get*** ersetzt.
- Mit dieser Konstruktion kann auch ausgedrückt werden, dass jemandem etwas (Unangenehmes) widerfahren oder seinem Besitz etwas geschehen ist.

I **had** my car **washed** at the car wash.
Where are you going to **have** your hair **cut?**
He **got** his mobile phone **stolen** last week.

Tim **had** his arm **broken** in a Rugby scrum.
They **had** their bikes **stolen** while they were looking around the shop.

3.3 Partizipien als Attribute

Bildung und Gebrauch

- Wie im Deutschen können das Partizip Präsens und das Partizip Perfekt als Attribute vor Substantiven stehen. Sie ersetzen ein Adjektiv: *a **written** exam, **falling** leaves, a **broken** wheel.*
- Das Partizip Präsens und das Partizip Perfekt haben dabei unterschiedliche Bedeutungen.

Would you like to try our **home-made** jam?
The police found the **stolen** car later that night.
Tired drivers often cause accidents.
A **barking** dog never bites.
interesting – interested (interessant – interessiert), boring – bored (langweilig – gelangweilt)

3.4 Partizipialkonstruktionen nach Substantiven

Bildung und Gebrauch

- Wenn ein Partizip um zusätzliche Informationen erweitert wird, handelt es sich um eine **Partizipialkonstruktion** *(participle clause)*.
- Im Englischen steht eine Partizipialkonstruktion immer **nach** dem Substantiv. Sie ersetzt dann einen Relativsatz.

The bus **leaving at one o' clock** (the bus which is leaving ...) is bound to be late again.
Do you know the guy **standing next to Andy?** (the guy who is standing ...)
Yesterday I received a letter **posted five days ago** (a letter which was posted ...) in Wales.

3.5 Partizipialkonstruktionen anstelle von Adverbialsätzen

Gebrauch

Partizipialkonstruktionen *(participle clauses)* können nicht nur anstelle von Relativsätzen, sondern auch anstelle von Adverbialsätzen (↑ S. 79) stehen.

- Partizipialkonstruktionen können **Adverbialsätze der Zeit** ersetzen.

Having switched on the dishwasher, he sat down and watched television. (After he switched on ...)
Asked about the reason for her visit, my aunt didn't say anything. (When she was asked ...)

- Partizipialkonstruktionen können auch **Adverbialsätze des Grundes** ersetzen.

Not feeling very well, he considered it to be more sensible to stay in bed. (Because he didn't feel very well ...)
Realizing how late it was, Sam decided not to phone his friend. (As he realized how late ...)

- Werden andere Adverbialsätze ersetzt, behält das Partizip die Konjunktion bei: *although · as if · if · till · until · unless*

I won't do anything **until getting** a definite answer. (I won't do anything until I get a ...)
If asked what she thought of the whole affair, Kathy wouldn't say a thing. (If Kathy was asked what she thought of ...)

3.6 Partizipialkonstruktionen anstelle von Hauptsätzen

Gebrauch

Partizipialkonstruktionen *(participle clauses)* können auch zwei Hauptsätze (↑ S. 72) verbinden. Besitzen die beiden Hauptsätze das gleiche Subjekt, kann ein Hauptsatz durch eine Partizipialkonstruktion ersetzt werden.

Bob's father walked down the garden path **pointing** out where he'd planted new trees. (... and he pointed out ...)
She walked down the street **talking** to her mother on her mobile phone. (... and she talked to her mother ...)

BESONDERS NÜTZLICH

Falsche Bezüge vermeiden

Das Partizip bezieht sich normalerweise auf das Substantiv, welches ihm vorausgeht oder folgt. Man muss hier jedoch darauf achten, dass keine Bezüge entstehen, die sinnlos sind.
Rushing down the street the wallet fell out of my rucksack.

Dieser Satz ergibt keinen Sinn, da er bedeutet, dass der Geldbeutel die Straße entlang hastete. Um den Bezug zu verdeutlichen, muss es heißen:
As I was rushing down the street, the wallet fell out of my rucksack.

3.7 Partizipialkonstruktionen mit eigenem Subjekt

Bildung und Gebrauch

- Das Subjekt des Hauptsatzes und das der Partizipialkonstruktion *(participle clause)* müssen nicht immer übereinstimmen. Vielmehr können die **Partizipialkonstruktion** und der Hauptsatz je ein **eigenes Subjekt** besitzen.

  Doing all the washing-up, **Andrew** offered to help his sister.

- Diese Partizipialkonstruktionen mit eigenem Subjekt werden in der Umgangssprache häufig mit *with* eingeleitet.

  With Tom being so aggressive, his teacher didn't know what to do.

ADJEKTIV UND ADVERB

1 Das Adjektiv (adjective)

Adjektive beschreiben Eigenschaften eines Substantivs. Die meisten Adjektive haben zwei Stellungsmöglichkeiten im Satz: vor dem Substantiv oder nach bestimmten Verben.

Gebrauch

- Man spricht vom **attributiven** Gebrauch des Adjektivs, wenn es vor dem Substantiv steht.
- Das Adjektiv kann aber auch Teil des Verbs sein. Es steht vor allem nach *be* (↑ S. 28). Man spricht dann vom **prädikativen** Gebrauch des Adjektivs.
- Prädikativ gebrauchte Adjektive stehen immer direkt nach der konjugierten Form des Verbs.
- Einige Adjektive können nur **prädikativ** gebraucht werden. Zur attributiven Verwendung müssen sie durch bedeutungsverwandte Wörter ersetzt werden. Dies ist zum Beispiel der Fall bei *afraid – frightened, alive – living, asleep – sleeping.*

Mike has got a **fast** car.
This **big** tree is over a hundred years old.
Mike's car is **old**, but it still looks **new.**
Sarah bought some **expensive** clothes.
Mary is **tall.**
This ice cream tastes **wonderful.**
Sam's clothes got **dirty** when he played rugby in the rain.
My father is **ill.** – My father is a **sick man.**
He was **afraid.** – He was a **frightened** man.
The baby was **asleep.** – The **sleeping** baby whimpered in its dreams.

BESONDERS NÜTZLICH

Adjektive als Nationalitätenbezeichnung

- Die Nationalitätenbezeichnungen werden vom jeweiligen Land mit den Nachsilben *-an, -ian, -ese, -ish* oder *-ch* abgeleitet.
- Sie werden prinzipiell großgeschrieben.
- Adjektive mit den Endungen *-ian* oder *-an* bilden den Plural regelmäßig mit *-s.*
- Nationalitätsbezeichnungen auf *-ese* haben im Singular und Plural die gleiche Form *(one Chinese, two Chinese, the Chinese).*
- Adjektive mit den Endungen *-ish* oder *-ch* bezeichnen das ganze Volk, aber keine Individuen. Dazu wird *-man* oder *-woman* an das Adjektiv angehängt.

Land	Adjektiv	Einwohner	die Bevölkerung
America	an **American** film	an Americ**an**	the Americans
Canada	a Canad**ian** team	a Canad**ian**	the Canadians
Japan	a Japan**ese** camera	a Japan**ese** man/woman	the Japanese
Ireland	an **Irish** pub	an Irish**man**/Irish**woman**	the Irish
France	the **French** kitchen	a French**man**/French**woman**	the French

1.1 Die Steigerung von Adjektiven (comparison of adjectives)

Wenn man Dinge oder Menschen vergleicht, braucht man die Steigerungsformen des Adjektivs. Wie im Deutschen gibt es im Englischen zwei Steigerungsstufen: den **Komparativ** *(comparative)* und den **Superlativ** *(superlative)*.

BLICKPUNKT

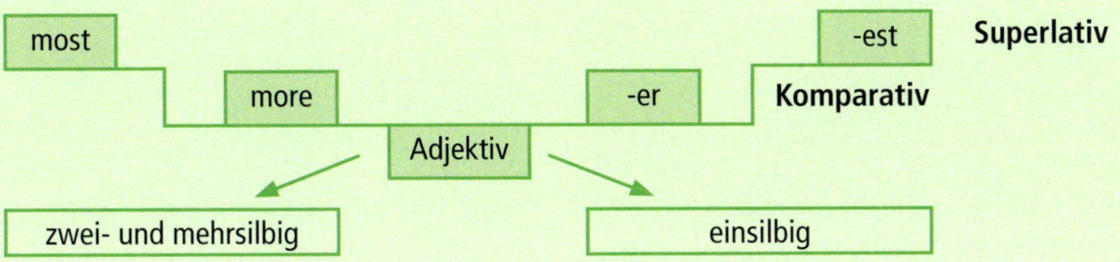

Steigerungsformen		
	Steigerung mit der Endung *-er/-est*	Steigerung mit *more/most*
Komparativ	young → young**er**	important → **more** important
Superlativ	young → young**est**	important → **most** important

1.1.1 Die regelmäßige Steigerung (regular comparison)

Merkmale

- Alle einsilbigen Adjektive werden mit ***-er*** (Komparativ) und ***-est*** (Superlativ) gesteigert.
- Zweisilbige Adjektive mit den Endungen *-ow, -le* und *-y* werden ebenfalls mit ***-er*** und ***-est*** gesteigert. Das *-y* ändert sich in den Steigerungsformen zu *-i*.
- Alle anderen **zwei- und mehrsilbigen Adjektive** werden mit ***more*** (Komparativ) und ***most*** (Superlativ) gesteigert.

long → long**er** → long**est**
cold → cold**er** → cold**est**
shall**ow** → shallow**er** → shallow**est**
simp**le** → simpl**er** → simpl**est**
happ**y** → happ**ier** → happ**iest**
active → **more** active → **most** active
powerful → **more** powerful → **most** powerful
reliable → **more** reliable → **most** reliable
expensive → **more** expensive → **most** expensive

1.1.2 Die unregelmäßige Steigerung (irregular comparison)

Formen

- Die Adjektive ***good*** und ***bad*** haben unregelmäßige Steigerungsformen.
- Die Mengenangaben ***many, much*** und ***little*** werden ebenfalls unregelmäßig gesteigert.

good → better → best
bad → worse → worst
many → more → most
much → more → most
little → less → least

Besonderheiten	
■ Endet ein einsilbiges Adjektiv auf einen Konsonanten nach kurzem Vokal, **verdoppelt** sich dieser.	big → bigger → biggest hot → hotter → hottest
■ Endet ein einsilbiges Adjektiv auf **-e**, entfällt das **-e**.	rare → rarer → rarest, nice → nicer → nicest
■ Einige wenige Adjektive können zwei verschiedene Steigerungsformen bilden.	old → **older/elder** → **oldest/eldest** near → nearer → **nearest/next** far → **farther/further** → **farthest/furthest** late → later/(the latter) → latest/last
– Im Kontext von Familie und Generationen wird *old* mit *elder/eldest* gesteigert. Bei Vergleichen wird jedoch immer *older* verwendet.	My **eldest sister** lives in England. Sarah is five years **older than** me.
– *nearest* bedeutet räumlich nächstgelegen, während *next* in einer Reihenfolge das Nächste bezeichnet.	The **nearest station** is just one block away. The **next** station is Brooklyn Heights.
– *far* kann sowohl mit *farther/farthest* als auch mit *further/furthest* gesteigert werden. *farther/farthest* ist seltener und wird nur im Sinn von „geografisch weiter entfernt" gebraucht. *further* hat auch die Bedeutung von „zusätzlich".	Brooklyn is **farther** away than the Lower East Side. The tourist office can give you **further** information.
– *last* bedeutet in einer Reihe oder zeitlich betrachtet „der letzte …". *latest* bedeutet „neueste", „modernste".	the last train (der letzte Zug) the **latest** technology (die modernste Technik) the **latest** trend (der neueste Trend)
– *the former* bedeutet „Ersteres" oder „Erstgenanntes", *the latter* bedeutet „Letzteres" oder „Letztgenanntes".	Salmon and whales are animals of the sea, but **the latter** are mammals, not fish. (Lachse und Wale sind Meereslebewesen, doch Letztere sind Säugetiere und keine Fische.)

1.1.3 Der Vergleich (sentences with comparisons)

Beim Vergleich von Menschen/Dingen erhält man entweder Gleichheit oder Ungleichheit.

Bildung und Gebrauch	
■ Gleichheit wird im Englischen mit der Konstruktion *as + Adjektiv + as* ausgedrückt.	Sarah is **as tall as** Richard. (genauso groß wie)
■ Ungleichheit wird mit der Konstruktion *Komparativ + than* ausgedrückt.	Richard is **taller than** Michael. (größer als) Toby's computer is **more powerful than** Sue's notebook.
■ Ungleichheit kann auch mit der Wendung *not as … as* ausgedrückt werden, allerdings ohne den Komparativ zu benutzen.	Michael's car is **not as fast as** Karen's car. Sue's notebook is **not as** powerful **as** Toby's.
■ Vergleiche mit *than* oder *as … as* können auch mit Nebensätzen oder einer Infinitivkonstruktion gebildet werden.	It's **cheaper** to buy a new radio **than to repair** the old one. The exams were **as easy as I expected.**
■ Mit der Konstruktion *the* + Komparativ … *the* + Komparativ … bildet man die Entsprechung des Deutschen „je … desto …". Die Satzstellung im Englischen lautet (anders als im Deutschen) in beiden Sätzen Subjekt + Verb.	**The earlier** I get up in the morning, **the more tired** I am in the evening. (Je früher ich morgens aufstehe, desto müder bin ich abends.)

1.2 Die Stellung von Adjektiven

Adjektive nach bestimmten Verben

Ein Adjektiv kann nach Verben stehen,	
■ die auf eine Eigenschaft oder einen Zustand verweisen wie *be, remain, keep, stay, appear* und *seem*,	She **appeared calm** and **remained quiet.**
■ die einen zukünftigen Zustand ausdrücken wie *become, get, turn* und *grow*,	But then the situation **grew worse.** It was awful. After a sudden, loud noise the air **turned dusty.**
■ die eine sinnliche Wahrnehmung beschreiben wie *taste, smell, look, feel* und *sound*.	This soup **smells delicious.** Your plan **sounds good.**
■ Bei Verben der sinnlichen Wahrnehmung unterscheidet man, ob sie	
– eine **Eigenschaft** beschreiben. Dann folgt ihnen ein Adjektiv.	Peter **looks old.** (Peter sieht alt aus.)
– eine **Tätigkeit** beschreiben. Dann folgt ihnen ein Adverb.	Peter **is looking happily** at his wife. (Peter sieht seine Frau glücklich an.)

Als Substantiv verwendete Adjektive

■ Adjektive können mit vorangestelltem ***the*** als Substantiv verwendet werden. Sie bezeichnen dann eine Gruppe oder eine Gesamtheit von Personen.	the rich, the poor, the old, the young, the blind, the disabled
■ Diese Adjektive haben keine Pluralendung ***-s***, sind aber mit einem Verb im Plural verbunden.	**The rich give** a lot of money to charity. **The disabled** often **need** the help of others.
■ Wenn man über einzelne Personen spricht, wird das Adjektiv mit einem Substantiv wie *person, man, woman, girl, boy* verbunden.	Englisch: A **sick person** should stay in bed. Deutsch: Ein **Kranker** sollte im Bett bleiben.
■ Einige Adjektive sind **echte Substantive** geworden und kommen im **Singular** und **Plural** vor.	black – blacks, white – whites, individual – individuals, native – natives

2 Das Adverb (adverb)

Merkmale	
■ Adverbien bestimmen näher: – Verben, – Adjektive, – andere Adverbien, – oder ganze Sätze.	Anne smiled **happily** when she got her birthday presents. This year she got some **really** expensive presents. Jason plays darts **pretty** well. **Unfortunately,** he recently joined another team.
■ Adverbiale Funktion haben: – ursprüngliche (nicht abgeleitete) Adverbien, – aus Adjektiven (↑ S. 60) abgeleitete Adverbien, – Adverbien, die die gleiche Form wie das Adjektiv haben.	 never, often, now, perhaps, still, then quickly, happily, luckily, simply fast, hard, late, free

Bildung	
■ Wenn Adverbien **aus Adjektiven** abgeleitet werden, wird das Adverb durch das Anhängen der Endung *-ly* gebildet.	joyful → joy**ful**ly bad → bad**ly** loud → loud**ly**
■ Adjektive auf *-y* bilden das Adverb auf ***-ily.***	happy → happ**ily**, busy → bus**ily**, lucky → luck**ily**
■ Die Adjektivendung *-e* nach Konsonant entfällt.	simp**le** → simp**ly**, probab**le** → probab**ly**,
■ Adjektive mit der Endung *-ic* bilden das Adverb durch die Endung ***-ally.***	bas**ic** → basic**ally**, iron**ic** → ironic**ally** aber: publi**c** → publi**cly**
■ Adjektive mit der Endung *-ll* bilden das Adverb durch die Endung ***-lly.***	full → fu**lly**
■ Adjektive auf *-ly* bilden keine Adverbien auf ***-ly.*** Man muss sie umschreiben.	friendly → **in a friendly way** silly → **stupidly**
■ Bestimmte Adverbien **unterscheiden sich** in ihrer Form **nicht** vom Adjektiv.	early, extra, fast, little, long, straight, daily, weekly, monthly, yearly
■ Wenige Adjektive bilden das Adverb **unregelmäßig.**	good → well, true → truly, whole → wholly

BESONDERS NÜTZLICH

Adverbien mit zwei Formen

Es gibt Adverbien, die zwei Formen haben (ohne und mit Endung *-ly*). Sie unterscheiden sich in ihrer Bedeutung.

George worked **hard** for the exams.
(George hat **hart** für seine Prüfungen gearbeitet.)

George **hardly** did any work for the exams.
(George hat **kaum** für seine Prüfungen gearbeitet.)

Weitere Beispiele:

hard	→ hardly	late	→ lately	pretty	→ prettily
schwer/hart	kaum	spät	kürzlich, in letzter Zeit	ziemlich	hübsch
free	→ freely	most	→ mostly	close	→ closely
kostenlos	frei	am meisten	meist	nahe	dicht, genau
high	→ highly	near	→ nearly	fair	→ fairly
hoch	höchst	nahe heran	fast/beinahe	gerecht	ziemlich

2.1 Die Steigerung von Adverbien (comparison of adverbs)

Bildung	
Adverbien werden auf drei Arten gesteigert.	
■ **Einsilbige** Adverbien werden mit ***-er/-est*** gesteigert.	fast → fast**er** → fast**est**, high → high**er** → high**est**
■ **Zwei-** und **mehrsilbige** Adverbien werden mit ***more/most*** gesteigert.	gladly → **more** gladly → **most** gladly carefully → **more** carefully → **most** carefully
early wird jedoch mit ***-ier/-iest*** gesteigert.	early → earl**ier** → earl**iest**
■ Die Adverbien ***badly, well, much, little*** und ***far*** werden mit unregelmäßigen Formen gesteigert.	badly → worse → worst well → **better** → **best** much → **more** → **most** (a) little → **less** → **least** far → **farther/further** → **farthest/furthest**

2.1.1 Der Vergleich (sentences with comparisons)

Für Vergleiche mit Adverbien werden die gleichen Konstruktionen benutzt wie beim Adjektiv.

■ **Gleichheit** wird mit der Konstruktion *as* + Adverb + *as* ausgedrückt. ■ **Ungleichheit** wird mit der Konstruktion Komparativ des Adverbs + *than* ausgedrückt.	Britney works **as well as** James. Sam doesn't work **as carefully as** Nina. Nora sings **better than** Zoe. Jonny enjoys reading **more than** watching TV.

2.2 Arten von Adverbien und ihre Stellung im Satz

Die Stellung des Adverbs im Satz hängt davon ab, auf welches Wort es sich bezieht. Manchmal bezieht es sich auch auf den ganzen Satz. Ferner entscheidet die Art eines Adverbs darüber, an welcher Stelle im Satz es erscheint. Für die Abfolge mehrerer Adverbien in einem Satz gibt es festgelegte Regeln.

BLICKPUNKT

Luckily,	I	can	**definitely**	visit	my grandma	**next weekend.**
↑	Subjekt	Hilfsverb	↑	Vollverb	direktes Objekt	↑

front position	*mid position*	*end position*
(am Beginn des Satzes vor dem Subjekt) Hier stehen Adverbien, die den ganzen Satz näher bestimmen.	(vor dem Verb bzw. zwischen Hilfsverb und Vollverb) Hier stehen Adverbien der unbestimmten Häufigkeit *(often)* und Gradadverbien *(rather)*.	(am Ende des Satzes nach dem direkten Objekt) Hier stehen Adverbien der bestimmten Häufigkeit/Zeit *(tomorrow)*, des Ortes *(at home)* oder der Art und Weise *(well)*.

Arten von Adverbien	
■ Adverbien der Art und Weise	well, quickly, instantly
■ Adverbien des Ortes	anywhere, downstairs, everywhere, here, inside, outside, somewhere, there, upstairs
■ Adverbien der Zeit	today, tomorrow, yesterday
■ Adverbien der unbestimmten Häufigkeit	always, ever, never, often, frequently, rarely, sometimes, usually
■ Adverbien der bestimmten Häufigkeit oder Zeit	once, twice, daily, weekly
■ Gradadverbien	almost, rather, definitely, very much, a lot

Die Stellung in Abhängigkeit von der Art des Adverbs

■ **Adverbien der Art und Weise** stehen immer nach dem Verb *(end position)*. Folgt auf das Verb ein direktes Objekt, steht das Adverb hinter dem Objekt. Es schiebt sich nie zwischen das Verb und das direkte Objekt.	She cooks **well.** The student answered the question **quickly.** Betty replied to my e-mail **instantly.**
■ **Adverbien des Ortes** und **der Zeit** stehen gewöhnlich nach dem Verb am Satzende und nie zwischen dem Verb und dem direkten Objekt.	Peter went **outside.** He arrived **yesterday.**
■ Am Satzanfang werden sie verwendet, um einen Gegensatz zum vorherigen Satz auszudrücken.	**Tomorrow** he's going to visit the National Gallery.
■ Werden mehrere Adverbien und/oder adverbiale Bestimmungen in einem Satz verwendet, so gilt „Ort vor Zeit".	They were searching for it **everywhere yesterday.**
■ **Adverbien der unbestimmten Häufigkeit** stehen **vor** dem Vollverb, **nach** einer Form des Vollverbs *be* oder **nach** dem ersten Hilfsverb.	Mr Smith **usually** arrives at the office at 8:30 a.m. He is **never** late for his job. You can **always** rely on him.
■ **Adverbien der bestimmten Häufigkeit oder Zeit** stehen **nach** dem Verb, aber nie zwischen Verb und direktem Objekt.	Last week, however, Mr Smith was late **once.** He said that he had got stuck in heavy traffic **several times.**
■ **Gradadverbien** stehen **vor** dem Vollverb, **nach** einer Form des Vollverbs *be* oder **nach** dem ersten Hilfsverb, wenn sie das Verb näher bestimmen.	I **almost** crashed the car. I was **rather** lucky. You should **definitely** stop smoking!
■ *a bit, a little, a lot, very much* stehen immer **nach** dem Verb, jedoch nie zwischen Verb und direktem Objekt.	Richard enjoyed dinner with the Smiths **very much.** He drank and ate **a lot.**

Ein Adverb vor anderen Adverbien oder Adjektiven

■ Ein Adverb kann ein anderes Adverb oder Adjektiv näher bestimmen. Es steht dann immer direkt vor dem näher bestimmten Adjektiv oder Adverb.	Sarah knows how to play the piano **perfectly well.** She's a **pretty good** pianist. I'm **very good** at skiing.
■ Ein Adverb kann einen ganzen Satz näher bestimmen. Es leitet dann den Satz ein.	**Usually,** I'm quite late for school. **Fortunately,** I could make it in time for the exams.

Mehrere Adverbien in einem Satz

■ Kommen in einem Satz mehrere Adverbien oder adverbiale Bestimmungen vor, ist die Reihenfolge meist **„Art und Weise"** vor **„Ort"** und **„Zeit"**.	The band performed **really well at the concert last night.**
■ Oft werden Adverbien und adverbiale Bestimmungen von Ort, Zeit und Häufigkeit kombiniert. Hier steht generell **„Ort"** vor **„Häufigkeit"** und **„Zeit"**.	Jack Nicholson's new movie will be shown **at a London cinema twice a week in June.**

PRÄPOSITIONEN UND ZAHLEN

1 Allgemeines zur Präposition (preposition)

BLICKPUNKT

- Präpositionen stehen **vor**
  - Substantiven, I decided to stay **at** home.
  - Pronomen, Sarah wants me to celebrate **with** her.
  - Verben im Gerundium (↑ S. 47). Ian is interested **in** seeing the new exhibition.

- Zwei wichtige Funktionen von Präpositionen sind die Angabe der **Zeit** (↑ S. 70) und die Angabe des **Ortes** oder der **Richtung** (↑ S. 66).
  Could you be there **at** 9 a.m.? I will wait for you **in front of** the main entrance.

- Die Verwendung von Präpositionen bereitet häufig Schwierigkeiten, da sich das Deutsche und das Englische nicht immer entsprechen. Daher empfiehlt es sich, bestimmte Wendungen mit Präpositionen auswendig zu lernen.
  You have to read the book **by** Friday.
  (Lest das Buch **bis** Freitag.)
  I cannot sleep **at** night.
  (Ich kann nachts nicht schlafen. [ohne Präposition])

2 Präpositionen der Zeit (prepositions of time)

Präpositionen der Zeit *(prepositions of time)* geben eine zeitliche Beziehung an.
Zu ihnen gehören: *after · before · between · by · during · for · past · since · till / until · within · at · in · on*

I'll see you **after** lunch.
Please wash your hands **before** you cut the bread.
The first break is **between** eleven o' clock and half-past eleven.
I'll be back **by** twelve. (bis)
Mobile phones must be switched off **during** class.
I haven't eaten anything **for** days.
I'm playing tennis **for** the first time.
I got up at twenty **past** ten.
I haven't seen Clare **since** 2003. (seit)
I haven't spoken to her **since.** (seitdem)
They partied **till/until** five o' clock in the morning.
He works **from** nine **till/until** five.
Don't go swimming **within** the next two hours.

Merkmale

- *at* verwendet man in Zusammenhang mit Tageszeiten und bestimmten Zeitpunkten.

The play starts **at** seven o' clock.
They let off the fireworks **at** midnight.

- Weitere feststehende Ausdrücke mit *at:*

at Easter
at the age of 16
at night
at the same time
at the weekend
at once (sofort)
at the end of the game
at the latest (spätestens)
at the moment

- *in* verwendet man in Zusammenhang mit längeren Zeitabschnitten (Monat, Jahr, Jahreszeit).

in May · **in** spring · **in** 1999

- Weitere feststehende Ausdrücke mit *in:*

in the morning
in the end (schließlich ...)
in no time (... im Nu)
in those days (damals)
in the past (in der Vergangenheit)

- *on* verwendet man in Zusammenhang mit Wochentagen und Daten.

on Thursday · **on** my birthday · **on** Boxing Day (am zweiten Weihnachtsfeiertag)

- Weitere feststehende Ausdrücke mit *on:*

on time (pünktlich) · **on** Saturday morning (am Samstag morgen)

BESONDERS NÜTZLICH

Wichtige Verbindung mit *in, on* oder *at*

- Vor *last, next, this* und *every* stehen nie die Präpositionen *in, on* oder *at.*
  Last Saturday we saw a brilliant movie at Leicester Square.
  We're going on a boat trip to the Scilly Islands **next week.**

- Die Wendung *on time* verwendet man, wenn etwas genau zum vorhergesehenen Zeitpunkt, d. h. nicht früher und nicht später, geschieht. Die Formulierung *in time* zeigt an, dass etwas nicht zu spät geschieht.
  The plane took off **on time.** (pünktlich)
  They got to the airport **in time** for their flight. (rechtzeitig)

3 Präpositionen des Ortes und der Richtung (prepositions of place and direction)

Präpositionen des **Ortes** und der **Richtung** *(prepositions of place and direction)* geben eine räumliche Beziehung an. Zu ihnen gehören:
above · across · all over · around · at · behind · below · between · close to · for · from · in · in front of · inside · into · near · next to · on · opposite · out of · over · past · round · through · to · to the left/right of · towards · under

His flat is **above** a news agency.
The horse jumped **across** the hedge.
We live **across** the street from the Wilkinsons.
He sends e-mails to his friends **all over** the world.
Deborah turned **around** quickly.
My brother hid **behind** the curtain.
The car was parked right **below** her window.
Platform 13a is located **between** platforms 13 and 14.
Tom sat on a chair **close to** the fire. (nahe am)
Trains **for** Bath are delayed by 45 minutes. (nach)
Do you come **from** Ireland?
A tall man was sitting **in front of** me, so I could only see half of the screen.
What do you keep **inside** this old chest?
Vincent stepped **into** the cool church.
Get **into** the car!
We live **near** the station.
The cinema is **next to** the pub "Lamb and Flag."
There's a new Starbucks **opposite** the old fire station.
He took ten pounds **out of** his wallet.
Dark clouds hung **over** the city.
George walked **past** his friend without recognizing him in the crowd.
He walked **round** the lake.
We waded **through** a muddy river.
You can see a church **to the left of** the castle.
The horses ran **towards** us. (auf ... zu)
My sister keeps her savings **under** her pillow.

■ Ortsbestimmungen mit der Präposition *at*:

There was a knock **at** the door.
You sign a letter **at** the bottom of the page.
This train doesn't stop **at** Exeter, does it?
I met Kate **at** the butcher's. (beim Metzger)
Ed stayed **at** school for detention.
I must have left my bag **at** home. (zu Hause)

■ Ortsbestimmungen mit der Präposition *in*:

We arrived **in** Paris in the middle of the night.
I want to visit every country **in** the world.
First, the children played tennis **in** the street, then they went swimming **in** the lake.
Is this your brother **in** the photograph?
I read an interesting article about Tibet **in** yesterday's newspaper.
I saw a hot air balloon **in** the sky.
She would like to live **in** the country. (auf dem Land)

■ Ortsbestimmungen mit der Präposition *on*:

Don't forget to put a lid **on** the pot.
There's a new clothes shop **on** the main road.
On the right you can see the old town hall.
Don't you want to put a picture **on** that wall?
He sleepwalked **on** the roof last night.
Please open your books **on** page 10.
We were **on** our way to Devon when she called.
I couldn't find it anywhere **on** a map.
Is Hastings **on** the south coast of England?
Our studio is **on** the 10th floor.

■ Ortsbestimmungen mit der Präposition *to*:

Why do I always have to go **to** bed so early?
Have you ever been **to** Scotland?
I hope you'll come **to** my party.
We got **to** London in time to go **to** the concert.

BESONDERS NÜTZLICH

***in* und *at* bei Ortsangaben**

- bei Städten und Ländern: *to arrive in* — We arrived **in** London/**in** England on Wednesday.
- bei Dörfern: *at* und *in* — Our train stopped **at** Oakham. We lived **in** Boscastle.
- andere Ortsangaben: *at* — We met our relatives **at** the train station.

4 Weitere Präpositionen und präpositionale Wendungen

Vor allem für die Konversation ist es nützlich, gängige präpositionale Wendungen *(prepositional phrases)* zu kennen. Da sie häufig keine direkte Entsprechung zum Deutschen haben, muss man sie als feststehende Ausdrücke lernen.

Die folgenden Präpositionen lassen sich nicht in die Kategorien Zeit, Ort oder Richtung einordnen. Zu ihnen gehören:
about · against · because of · by · for · from · instead of · like · per · under · with · without

The class complained **about** the new Maths teacher.
A lot of people are **against** animal testing.
Because of a delay we had to wait for two hours.
The play was performed **by** students.
Are you waiting **for** me?
We've just come back **from** our school trip.
Could I have chips **instead of** rice, please?
You look exactly **like** your brother.
They were caught speeding at 100 kilometres **per** hour.
It takes **under** 10 minutes to walk there.
Would you like your coke **with** or **without** ice?

Die **präpositionalen Wendungen** im Englischen unterscheiden sich häufig von den deutschen, die andere oder keine Präpositionen aufweisen.

at first sight	auf den ersten Blick	in my opinion	meiner Meinung nach
at last	endlich	in principle	im Prinzip
at least	mindestens	in the long run	auf Dauer
at war	im Krieg	in writing	schriftlich
by accident	zufällig	on fire	in Brand
by bus	mit dem Bus	on foot	zu Fuß
by mistake	aus Versehen	on his/her own	allein
by post	mit der Post	on holiday	im Urlaub
by Shakespeare	von Shakespeare	on purpose	mit Absicht
for a change	zur Abwechslung	on strike	im Streik
in any case	auf jeden Fall	on television	im Fernsehen
in cash	bar	on the radio	im Radio
in common	gemeinsam	on the phone	am Telefon
in English	auf Englisch	on the one hand	einerseits
in love	verliebt	on the other hand	andererseits

5 Zahlen, Datum und Uhrzeit

5.1 Die Grund- und Ordnungszahlen (cardinal and ordinal numbers)

Grundzahlen (cardinal numbers)		**Ordnungszahlen** (ordinal numbers)	
1	one	1st	**the first**
2	two	2nd	**the second**
3	three	3rd	**the third**
4	four	4th	the fourth
5	five	5th	the fifth
6	six	6th	the sixth
7	seven	7th	the seventh
8	eight	8th	the eighth
9	nine	9th	the ninth
10	ten	10th	the tenth
11	eleven	11th	the eleventh
12	twelve	12th	the twelfth
13	**thir**teen	13th	the thirteenth
14	fourteen	14th	the fourteenth
15	**fif**teen	15th	the fifteenth
16	sixteen	16th	the sixteenth
...		...	
20	twenty	20th	the twentieth
21	twenty-one	21st	the twenty-**first**
...		22nd	the twenty-**second**
30	**thirt**y	23rd	the twenty-**third**
40	**fort**y	30th	the thirtieth
50	**fift**y	40th	the fortieth
60	sixty	50th	the fiftieth
70	seventy	60th	the sixtieth
80	eighty	70th	the seventieth
90	ninety	80th	the eightieth
100	one/a hundred	90th	the ninetieth
200	two hundred	100th	the (one) hundredth
...		101st	the (one) hundred and first
1,000	one/a thousand	1000th	the (one) thousandth
1,000,000	one/a million	1000000th	the (one) millionth

Merkmale	
■ **Zehner- und Einerzahlen** werden mit einem Bindestrich verbunden.	fifty-four, sixty-seven
■ **Einer- und Zehnerzahlen** werden mit Hunderter- und Tausenderzahlen durch *and* verbunden.	one hundred **and** fifty-two, two thousand six hundred **and** forty-one
■ **Dezimalzahlen** werden mit einem Punkt, Tausenderstellen mit einem Komma abgegrenzt.	1.06 (Deutsch: 1,06) 7,600 (Deutsch: 7.600)
■ **„Null"** spricht man je nach Kontext anders aus:	Mathematik: zero (AE), zero, nought (BE) Zahlenreihen/Telefonnummer: O Sportergebnisse: nil, zero (AE) Tennis: love
■ Während im Deutschen nach einer Ordnungszahl ein Punkt steht, werden im Englischen die letzten beiden Buchstaben des Wortes angefügt. Diese werden oft hochgestellt.	1st 2nd 3rd 25th
■ Um auszudrücken, wie oft etwas geschieht, werden sogenannte **Wiederholungszahlen** verwendet.	I met him **once.** (Ich traf ihn einmal). She asked her sister **twice.** (Sie fragte ihre Schwester zweimal). My mother talked to my teacher **three times** last month.
■ Um **Bruchzahlen** zu benennen, werden Ordnungszahlen verwendet.	$^1/_2$: one/a half ↔ $^1/_2$ mile: half **a** mile $^1/_3$ (mile): one/a **third** (of a mile) $^1/_4$: a **quarter** (of an hour) $^3/_4$: three quarters $^7/_8$: seven **eighths**

5.2 Das Datum (date)

Bildung und Gebrauch	
■ Das Datum kann man unterschiedlich schreiben. Es wird mit Ordnungszahlen angegeben:	
– 25th June, 2004,	the twenty-fifth of June, two thousand and four
– 25 June, 2004,	
– June 25th, 2004,	June the twenty-fifth, two thousand and four
– abgekürzt: 25/06/2004.	
■ Die Jahreszahl wird mit Komma abgetrennt.	We will meet on Friday, June 25th, 2004, to discuss this issue.
■ Zur Datumsangabe verwendet man die Präposition *on*. Wenn man sich nur auf das Jahr bezieht, lautet die Präposition *in*.	We invite you to attend our wedding **on** June 25th, 2004. I was born **in** 1985.
■ Amerikanisches und britisches Englisch unterscheiden sich beim abgekürzten Datumsformat:	
– (AE) der Monat steht vor dem Tag,	06/25/2004 = June twenty-fifth, 2004
– (BE) der Tag steht vor dem Monat.	25/06/2004 = twenty-fifth of June, 2004

5.3 Die Uhrzeit (telling the time)

Merkmale und Gebrauch

■ Im Englischen werden die Stunden von **ein bis zwölf Uhr** gezählt.	What time is it? It's **1/2/3/4/5/6/7/8/9/10/11/12 o' clock.**
■ Für die Zeit von ein Uhr nachts bis zwölf Uhr mittags wird deshalb *a.m.* angehängt (vom Lateinischen ante meridiem = vormittags).	1 **a.m.**, 2 **a.m.**, 3 **a.m.**, 12 **a.m.** (= noon)
■ Von 13 bis 24 Uhr wird *p.m.* angehängt (vom Lateinischen post meridiem = nachmittags).	1 **p.m.**, 2 **p.m.**, 3 **p.m.**, 12 **p.m.** (= midnight)
■ Die Präposition *at* wird zur Angabe der Uhrzeit verwendet.	Our plane leaves **at** 9 a.m., we will arrive in New York City **at** 6 p.m.
■ Bei vollen Stunden wird *o'clock* angehängt – dann entfällt *a.m./p.m.*	five **o' clock,** twelve **o' clock** Please be there at **five o' clock.**
■ Die halbe Stunde heißt *half past,* die Viertelstunden *a quarter past* (Viertel nach) und *a quarter to* (Viertel vor).	**a quarter past** three = 3:15 **half past** three = 3:30 **a quarter to** four = 3:45
■ Die Minuten der ersten halben Stunde nach der vollen Stunde werden mit *past* an die **letzte** volle Stunde angehängt.	twelve minutes **past** two = 2:12 auch: It's 2:12 (two twelve).
■ Die Minuten der zweiten halben Stunde vor der vollen Stunde werden mit *to* vor der **nächsten** vollen Stunde genannt.	seven minutes **to** three = 2:53 auch: It's 2:53 (two fifty-three).
■ Nur bei Fahrplänen und beim Militär werden die Stunden von 0 bis 24 Uhr gezählt.	The last bus leaves Victoria station at 23:15 (twenty-three fifteen). 23:00 = twenty-three hundred (militärisch)

DER SATZ

1 Satzarten und Wortstellung (sentence types and word order)

BLICKPUNKT

Satzarten

Hauptsatz

Hauptsätze können alleine stehen und mit einem weiteren Hauptsatz oder einem Nebensatz verbunden sein.
Die Wortstellung ist Subjekt – Verb.
Man unterscheidet folgende Arten von Hauptsätzen:
- Aussagesatz,
- Fragesatz,
- Aufforderungssatz,
- Inversion.

Nebensatz

Nebensätze können nicht alleine stehen; sie sind meist mit einem Hauptsatz verbunden. Dann spricht man von einem Satzgefüge. Nebensätze werden durch unterordnende Konjunktionen, Relativpronomen oder Fragewörter eingeleitet. Die Wortstellung ist Subjekt – Verb. Man unterscheidet folgende Arten von Nebensätzen:
- Relativsatz,
- Adverbialsatz,
- Bedingungssatz,
- indirekte Rede.

1.1 Der Aussagesatz (statement)

1.1.1 Der bejahte Aussagesatz (positive statement)

Merkmale

Die **Wortstellung** in bejahten Aussagesätzen ist immer **Subjekt + Verb** (+ **Ergänzung**). Ergänzungen können Objekte (Wen-/Wem-/Was-Frage), adverbiale Bestimmungen *(in Central London)* oder prädikative Ergänzungen *(cheap)* sein. Subjekt (Wer-Frage) und Objekt (Wen- oder Wem-Frage) können im Englischen leicht erkannt werden, da die Satzstellung immer **Subjekt – Verb – Objekt** bleibt.

Subjekt	Verb	Ergänzung
I	live	in Central London.
Many people	use	the underground.
Tickets	are	expensive.
Some people	prefer	to walk.

BESONDERS NÜTZLICH

Die richtige Wortstellung

Die Wortstellung Subjekt + Verb + Ergänzung wird auch beibehalten, wenn der Satz **nicht** mit einem Subjekt beginnt. Hierin unterscheidet sich die englische von der deutschen Wortstellung.

	I	work	until 6 o' clock.
	Ich	arbeite	bis sechs Uhr.
Usually	I	**get** home	after seven o' clock.
Normalerweise		**komme**	**ich** nach sieben Uhr nach Hause.

1.1.2 Der verneinte Aussagesatz (negative statement)

Merkmale

Ein Satz wird durch die Verwendung eines **Hilfsverbs + *n't/not*** verneint. Wenn kein Hilfsverb (↑ S. 27) vorhanden ist, wird eine Form von *do* verwendet. Dies ist im Englischen sehr häufig der Fall.

Subjekt	Hilfsverb + not	Verb	Ergänzung
Gill	**hasn't**	found	her keys.
You	**are not**	listening	to me.
Many children	**don't**	like	school.
Some	**don't**	do	any homework.
Ben	**doesn't**	want to play	hide-and-seek.

1.2 Die Stellung des direkten und indirekten Objekts (direct and indirect object)

Bildung und Gebrauch

- Ein Verb kann im Englischen wie im Deutschen mit zwei Objekten verbunden werden.
- Das indirekte Objekt bezeichnet meist Personen, das direkte Objekt meist Sachen.
- In der Regel steht dabei die **Person vor** der **Sache.**
- Folgende Verben können zwei Objekte haben:
  bring · buy · give · hand · lend · offer · owe · pass · promise · send · show · teach · tell · write

	indirektes Objekt	direktes Objekt
I gave	her	my book.
Could you lend	us	your dictionary?
Could you pass	me	the butter?
I still owe	him	money.

Will man jedoch die Person hervorheben, kann auch das direkte Objekt (Sache) vor dem indirekten Objekt (Person) stehen. Dann steht jedoch ein *to* oder *for* vor dem indirekten Objekt.

	direktes Objekt	indirektes Objekt
He handed	the letter	to the headmaster.
I cooked	Italian food	for my friends.

1.3 Die Inversion (inversion)

Bildung und Gebrauch

- Die ansonsten so strenge Wortstellung in Aussagesätzen (Subjekt – Verb – Objekt) ändert sich, wenn eine adverbiale Bestimmung (↑ S. 62) zur Betonung an den Satzanfang gestellt wird.
- Der Aussagesatz nimmt dann die Wortstellung eines Fragesatzes an, Hilfsverb und Subjekt tauschen Plätze (Inversion): **adverbiale Bestimmung + Hilfsverb + Subjekt + Vollverb + Ergänzung.**
- Wenn kein anderes Hilfsverb vorhanden ist, wird eine Form von *do* zur Umschreibung verwendet.
- Zu den adverbialen Bestimmungen mit Inversion gehören: *hardly · little · never · no sooner · not only · rarely · under no circumstances.*

Under no circumstances **will I** go there again.
Little **did we** realize that we did not have enough money to pay for the meal.
Never **have I** laughed so much.

1.4 Fragesätze (questions)

Man unterscheidet zwei Arten von Fragen: Fragen ohne Fragewort (Entscheidungsfrage) und Fragen mit Fragewort.

1.4.1 Die Frage ohne Fragewort (question without question word)

Bildung

Fragesätze ohne Fragewort können mit „ja" oder „nein" beantwortet werden. Deshalb werden sie auch Entscheidungsfragen genannt.

Do you like this music? – **Yes,** I do./**No,** I don't.
Are you ready? – **Yes,** I am./**No,** I'm not.

- Fragesätze ohne Fragewort werden immer mit einem Hilfsverb (↑ S. 27) eingeleitet. Das Hilfsverb steht vor dem Subjekt. Wenn kein anderes Hilfsverb zur Verfügung steht, wird im *present simple* ***do/does*** verwendet. Die Satzstellung lautet:
  Hilfsverb + Subjekt + Vollverb + Ergänzung

Ann has phoned. → **Has** Ann phoned?
Ann and Rob will visit us. → **Will** Ann and Rob visit us?
They can come tomorrow. → **Can** they come tomorrow?
Ben was delighted. → **Was** Ben delighted?
Kate wants to come along. → **Does** Kate want to come along?
It bothers you. → **Does** it bother you?

- Wenn kein anderes Hilfsverb zur Verfügung steht, wird im *simple past* ***did*** zur Umschreibung verwendet.

Did you learn Latin at school?
Did you pass the difficult Maths exam you told me about?
Didn't they notify you?

1.4.2 Die Frage mit Fragewort (question with question word)

Bildung

Das Fragewort (*who, where, why* usw.) leitet den Fragesatz ein. Es folgt die Satzstellung wie in Fragesätzen ohne Fragewort:

Fragewort	Hilfsverb	Subjekt	Verb	Ergänzung
What	did	you	do	last night?
Who	did	you	talk to?	
Whose bike	is		this?	
Where	do	they	meet?	
Why	are	you	scared	of flying?
Where	have	they	gone?	
How long	have	you	been going out	with Nicola?
How old	are	your brothers?		

BESONDERS NÜTZLICH

Fragen mit Fragewörtern als Subjekt

- Bei Fragen, in denen *who/what/which* das **Subjekt des Satzes** bilden, umschreibt man **nicht** mit *do/does/did*. Man nennt sie auch **Subjektfragen**. Die normale Wortstellung (Subjekt – Verb – Objekt) bleibt erhalten.
  Who phoned so late last night? (subject = *who*)
  (**Wer** rief gestern Nacht so spät an?)
  Who wrote the invitations?
  (**Wer** schrieb die Einladungen? / **Wer** hat die Einladungen geschrieben?)

  Aber:
  Who did you **phone** so late last night? (subject = *you*)
  (**Wen** riefst **du** gestern Nacht so spät noch an?)

- Weitere Beispiele, in denen das Fragewort das Subjekt des Satzes bildet:
  What happened to your dog?
  Which train goes to South Wales?

- Als Antwortmöglichkeit auf eine Subjektfrage bietet sich – ergänzend zum Namen der handelnden Person – häufig die Verwendung eines Hilfsverbs an.
  Who phoned so late? Tom. / Tom did.
  Who wrote the invitations? Sarah. / Sarah did.

1.4.3 Das Frageanhängsel (question tag)

Gebrauch und Bildung	
■ Aussagesätze mit Frageanhängsel sind eine Besonderheit des Englischen und kommen in der **gesprochenen Sprache** sehr häufig vor. Sie entsprechen dem Deutschen „oder?"/„nicht wahr?" und fordern vom Hörer eine Zustimmung oder eine Bestätigung des Gesagten.	It is such a nice day today, **isn't it?** You will go out tonight, **won't you?** I can't wear this blue dress, **can I?**
■ Gebildet werden Bestätigungsfragen mit dem Hilfsverb und dem Subjekt des Aussagesatzes. Das Subjekt ist immer ein Personalpronomen. ■ Ist im Aussagesatz kein Hilfsverb vorhanden, wird das Frageanhängsel mit einer Form von *do* gebildet. ■ In bejahten Aussagesätzen wird das Frageanhängsel verneint. ■ In verneinten Aussagesätzen wird das Frageanhängsel bejaht. ■ Bei *let's* und *I am* werden die Frageanhängsel mit *shall we* und *aren't I* gebildet.	I **can** rely on you, **can' t I?** You **will** remember it, **won't you?** You **weren't** listening, **were you?** Andy and Lisa went for a walk, **didn't they?** They usually walk along the lake, **don't they?** You **haven't** got a minute, **have you?** **Let's** go for a run, **shall we?** **I am** a lucky girl, **aren't I?** (nicht: ~~am not I~~)

1.4.4 Die Kurzantwort (short answer)

Gebrauch und Bildung	
■ Auf Entscheidungsfragen antwortet man im Englischen nicht einfach mit „ja" oder „nein", sondern verwendet häufig eine Kurzantwort.	**Can** you play Volleyball? – No, **I can't.** **Does** she own a squash racket? – Yes, **she does.** **Are** there any oranges left? – No, **there aren't.**
■ In der Kurzantwort wird das Hilfsverb des Fragesatzes wiederholt.	**Has** he got time this afternoon? – Yes, **he has.**
■ Entscheidungsfragen können auch mit Wendungen wie *I don't think so, perhaps, I'm not sure* beantwortet werden.	Are Betty and Paul married? – I don't think so.

1.5 Die Aufforderung (command)

Bildung und Gebrauch	
■ Aufforderungen werden im Englischen durch das **Verb im Imperativ** ausgedrückt. ■ Der Imperativ hat die Form des Infinitivs.	**Wait!** (Warte! Wartet!)
■ Der Imperativ kann auch für eine Einladung, einen Befehl oder eine Bitte verwendet werden. Ein Ausrufezeichen ist nicht immer nötig. ■ Verneint wird er durch den Zusatz *don't.* Ein Verbot kann auch mit *never* eingeleitet werden.	**Be** quiet, please. (Sei/Seid/Seien Sie bitte leise!) **Don't go.** (Gehe/Geht/Gehen Sie nicht!) **Never do** that again! (Tu das nie wieder.)

2 Der Nebensatz (subordinate clause)

Wird ein Hauptsatz *(main clause)* mit einem Nebensatz *(subordinate clause)* verbunden, entsteht ein Satzgefüge *(complex sentence)*. Es gibt viele verschiedene Arten von Nebensätzen. Sie werden durch Relativpronomen, Konjunktionen oder Fragewörter mit dem Hauptsatz verbunden.

2.1 Der Relativsatz (relative clause)

Merkmale

■ Relativsätze sind Nebensätze, die durch ein **Relativpronomen** (↑ S. 17) eingeleitet werden und eine Person oder eine Sache genauer bestimmen.	It was my Dad **who** gave me tickets for the Wembley Stadium.
■ Sie können sich auf ganze Sätze oder auf einzelne Ausdrücke beziehen.	The player **who scored a goal** did a somersault afterwards.
■ Bezieht sich ein Relativsatz auf den gesamten Satz, wird das Relativpronomen *which* verwendet. Häufig beinhaltet der Relativsatz dann einen Kommentar.	My Dad and I saw our favourite team win **which made us very happy.**
■ Relativpronomen können Subjekt oder Objekt des Relativsatzes sein.	Do you know the boy **who** is talking to Jane? (*who* als Subjekt: der Junge, der mit Jane spricht) The boy **who** you met at my party is my cousin. (*who* als Objekt: der Junge, den du getroffen hast)

2.1.1 Der bestimmende Relativsatz (defining relative clause)

Funktion und Bildung

■ Bestimmende Relativsätze *(defining relative clauses)* können nicht weggelassen werden, ohne dass der Satz seinen Sinn verliert. Sie sind für das Verständnis des Satzes unbedingt notwendig. Im Gegensatz zum Deutschen werden diese Relativsätze im Englischen nicht durch Kommas vom Hauptsatz abgetrennt. ■ Sie werden durch **Relativpronomen** eingeleitet.	She was the woman **who taught me** French. I cannot tell **which subject is more important:** physical education or mathematics. It was my Dad **who** cooked this wonderful food. He used a recipe **that/which** he brought back from his holidays in Thailand. I don't envy my Dad **whose** job is very stressful.
■ Folgt ein Relativsatz auf *all, something, anything, every, everything* und *nothing*, steht immer das Relativpronomen *that.*	That was all **that** I found out. (nicht: ~~all what~~) (Das war alles, **was** ich herausfand.)

Der Relativsatz ohne Relativpronomen (contact clause)

Merkmale	
Ist das Relativpronomen das Objekt (nicht das Subjekt) eines bestimmenden Relativsatzes, wird es besonders in der Umgangssprache häufig weggelassen.	The girl (who) **Peter saw at the station** was very pretty. Is there anything (that) **I can do?** You could get out the plates and glasses (which) **we'll need.**

Die Präposition im Relativsatz

Bildung und Gebrauch	
■ Ist ein bestimmender Relativsatz mit einer Präposition verbunden, so steht diese in der Regel nach dem Vollverb. Häufig werden Relativpronomen hier ebenfalls weggelassen.	Did you get the job **you applied for?** oder: Did you get the job **for which** you applied?
■ Im formellen Englisch stehen die Präpositionen häufig vor dem Relativpronomen.	The people **I work with** are very nice. oder: The people **with whom** I work are very nice.

2.1.2 Der nicht bestimmende Relativsatz (non-defining relative clause)

Funktion, Bildung und Gebrauch	
■ Nicht bestimmende Relativsätze *(non-defining relative clauses)* liefern zusätzliche Informationen, die auch weggelassen werden können, ohne dass sich dadurch die Aussage des Hauptsatzes ändert.	Sometimes my two younger sisters, **who are five and ten years old,** get on my nerves.
■ Im Gegensatz zu den bestimmenden Relativsätzen werden diese Relativsätze durch ein **Komma** vom Hauptsatz getrennt. ■ Das Relativpronomen kann nie weggelassen werden. ■ Es können alle Relativpronomen außer *that* verwendet werden. ■ Nicht bestimmende Relativsätze werden häufiger im schriftlichen als im gesprochenen Englisch verwendet.	However, last week I took them to the cinema, **which is just around the corner from where we live.** We watched the movie "The Lord of the Rings," **which I hadn't seen before.**

2.2 Der Adverbialsatz (adverbial clause)

BLICKPUNKT

Adverbialsätze

- des Ortes
- der Zeit
- des Grundes
- des Gegensatzes

Bildung	
■ Adverbialsätze werden durch unterordnende Konjunktionen (↑ S. 88) eingeleitet. Steht der Adverbialsatz am Anfang, wird er durch ein **Komma** vom Hauptsatz abgetrennt. Schließt er an den Hauptsatz an, wird **kein Komma** gesetzt.	Please give me a ring **as soon as you arrive.** **As soon as you arrive,** please give me a ring.
■ Adverbialsätze des **Ortes** und der **Richtung** werden beispielsweise durch *where* (wo) und *wherever* (wohin auch immer) eingeleitet.	Could you please tell me **where the headmaster's office is?** **Wherever you go,** I'll come with you.
■ Adverbialsätze der **Zeit** können durch *by the time* (bis), *since* (seit) oder *after* (nachdem) eingeleitet werden.	**By the time she gets home,** she'll have forgotten about our fight. I haven't seen your dog **since I unlocked the front door.**
■ Adverbialsätze des **Grundes** werden beispielsweise durch *as* (da) und *because* (weil) eingeleitet.	**As I don't know how to burn CDs,** could you please do it? You could teach me how to do it **because I would like to do it myself next time.**
■ Adverbialsätze des **Gegensatzes** werden beispielsweise durch *although* (obwohl) und *whereas* (während) eingeleitet.	**Although they paid lots of money,** the Smiths had a miserable holiday. **Whereas he loves climbing,** she is scared of heights.

2.3 Der Bedingungssatz (conditional sentence)

Ein Bedingungssatzgefüge besteht aus dem konditionalen Nebensatz *(if-clause)* und dem Hauptsatz *(main clause)*. Der *if*-Satz nennt die Bedingung, der Hauptsatz die Folge.

Merkmale

- Der *if*-Satz wird durch die Konjunktionen *if, even if* oder *unless* eingeleitet.
- Die Kommasetzung ist wie bei den Adverbialsätzen: Beginnt das Satzgefüge mit dem Bedingungssatz, schließt der Hauptsatz mit dem Komma an. Folgt der Bedingungssatz dem Hauptsatz, wird kein Komma gesetzt.

If the weather is nice, we will go swimming. (Falls ...)
If you had come earlier, we could have gone swimming. (Wenn ...)
Even if I work all night, I won't be able to finish the job. (Selbst wenn ...)
We will not be able to have a barbecue **unless** the rain stops. (... wenn nicht ...)

- Im Englischen unterscheidet man drei Typen von Bedingungssätzen, je nach Wahrscheinlichkeit:
  - Typ I (erfüllbare Bedingung),
  - Typ II (unwahrscheinliche Bedingung),
  - Typ III (nicht mehr erfüllbare Bedingung).

If it **rains** (*if*-Satz), the streets **will get** wet (Hauptsatz).
If you **opened** a savings account (*if*-Satz), you **would save** some money (Hauptsatz).
If you **had saved** some money (*if*-Satz), we **could have gone** on a nice holiday (Hauptsatz).

2.3.1 Der Bedingungssatz Typ I (probable/real condition)

Gebrauch und Bildung

- Bedingungssätze des ersten Typs *(probable/real condition)* verwendet man, wenn man die Bedingung für **erfüllbar**, für **wahrscheinlich** hält. Sie können sich sowohl auf die Gegenwart als auch auf die Zukunft beziehen.

If you **invite** Lisa to your party (*if*-Satz Typ I), Andrew **won't come** (Hauptsatz).
If you **need** a hand tomorrow (*if*-Satz Typ I), I **can help** you (Hauptsatz).

- Das Verb im *if*-Satz steht im *simple present*. Im Hauptsatz wird das ***will-future*** oder ein **modales Hilfsverb + Infinitiv** verwendet.

If he **doesn't answer** her e-mail (*if*-Satz Typ I), she **will be** disappointed (Hauptsatz).

- Wenn etwas als automatische Folge oder immer wieder geschieht, kann im Hauptsatz auch *simple present* stehen.

If you turn the handle (*if*-Satz), the door **opens** (Hauptsatz).
If you heat up water (*if*-Satz), it **condenses** (Hauptsatz).

- Bezieht sich ein *if*-Satz auf die Zukunft, steht trotzdem die Zeitform *present tense*.
- Im *if*-Satz verwendet man nicht *will* und *may*.

If you **go** swimming **tomorrow** (*if*-Satz), just give me a quick ring (Hauptsatz).

2.3.2 Der Bedingungssatz Typ II (improbable/unreal condition)

Gebrauch und Bildung	
■ Bedingungssätze des zweiten Typs *(improbable/ unreal condition)* verwendet man, wenn man die Bedingung für **nicht erfüllbar** hält. Es erscheint dem Sprecher **nicht wahrscheinlich,** dass die Bedingung wahr wird. Sie können sich sowohl auf die Gegenwart als auch auf die Zukunft beziehen.	If the class **finished** early (*if*-Satz Typ II), I **could catch** the next bus (Hauptsatz).
■ Das Verb im *if*-Satz steht im *simple past.* Im Hauptsatz wird ***would/could/might*** + **Infinitiv** verwendet. ■ Im *if*-Satz verwendet man nicht *would, might* und *could.* ■ Im *if*-Satz kann nach *I/he/she/it* auch ***were*** stehen.	If I **won** the lottery (*if*-Satz Typ II), I **could afford** a new car (Hauptsatz). If she **married** a millionaire (*if*-Satz Typ II), she **wouldn't have** to work (Hauptsatz). If I **were** you (*if*-Satz Typ II), I **wouldn't believe** him (Hauptsatz).

2.3.3 Der Bedingungssatz Typ III (impossible condition)

Gebrauch und Bildung	
■ Bedingungssätze des dritten Typs *(impossible condition)* verwendet man, wenn die Bedingung **nicht mehr erfüllt** werden kann. Sie beziehen sich auf die Vergangenheit.	If we'**d had** your address (*if*-Satz Typ III), we **would have sent** you a card (Hauptsatz).
■ Das Verb im *if*-Satz steht im *past perfect.* Im Hauptsatz wird ***would/could/might*** + ***have*** + ***past participle*** verwendet. ■ Im *if*-Satz verwendet man nicht *would, might* und *could.*	If I **had known** that (*if*-Satz Typ III), I **would have called** you earlier (Hauptsatz). If it **hadn't rained** (*if*-Satz Typ III), more people **would have come** (Hauptsatz).

BESONDERS NÜTZLICH

Unterschiede zu deutschen Bedingungssätzen

Die Übersetzung des deutschen Wortes „würde" führt häufig zu Fehlern.

Im Deutschen sagt man:
Wenn ich nach London ziehen würde, ...

Im Englischen übersetzt man jedoch:
If I moved to London, ...
nicht: If I ~~would move~~ to London, ...

Die Bedingung „wenn/falls etwas passiert" wird im Englischen mit *if* übersetzt. Das Englische *when* ist eine Konjunktion der Zeit und kann in Bedingungssätzen nicht verwendet werden.
If I visit my grandfather, I'll say "Hello" to him from you.
(Falls/Wenn ich Großvater besuche, grüße ich ihn von dir. [Es ist noch nicht sicher, ob ich ihn besuche.])
When I visit my grandfather, I'll say "Hello" to him from you.
(Wenn ich Großvater besuche, grüße ich ihn von dir. [Es ist sicher, dass ich ihn besuche.])

Ausnahme: *if*-Satz mit *should*	
■ Im *if*-Satz kann *should* + Infinitiv stehen, wenn man ausdrücken will, dass man die Erfüllung der Bedingung für unwahrscheinlich erachtet.	If my car **should break** down, I'll call the Automobile Association.
■ Hier ist es auch möglich, auf das *if* als Konjunktion zu verzichten. Dann ist allerdings eine Inversion notwendig.	**Should** my car break down, I'll call the Automobile Association.

2.4 Die indirekte Rede (reported speech)

Funktion und Merkmale	
■ Die direkte Rede gibt wörtlich wieder, was jemand sagt oder denkt. Die wörtliche Rede steht dabei in Anführungszeichen.	Anthony said: "I hate maths lessons."
■ Die indirekte Rede berichtet, was jemand gesagt oder gedacht hat. Hier stehen keine Anführungszeichen.	Anthony said that he hated maths lessons.
■ Nach dem einleitenden Verb steht im Englischen im Gegensatz zum Deutschen **kein Komma.**	He mentioned (that) he wanted to learn how to ski.
■ Die Konjunktion *that*, die die indirekte Rede einleitet, kann häufig weggelassen werden.	Julia **said** (that) she didn't want to go to a museum.
■ Verben, die die indirekte Rede einleiten, heißen *reporting verbs*. Dazu zählen: *add · agree · answer · believe · explain · know · mention · point out · report · say · tell someone · think · wonder*	Matt **answered** (that) he really wanted to see the Dalí exhibition. Julia **told** him (that) she would come along.

BESONDERS NÜTZLICH

Die Verben *tell* und *say*

Das Verb *tell* steht immer mit einem Objekt oder einem Personalpronomen. Es kann nie allein oder mit *to* stehen.

I told Ann-Sophie/her to come over for dinner. (nicht: I told ~~to~~ her ...)

Das Verb *say* hingegen kann nicht in der gleichen Weise verwendet werden. Will man ausdrücken, zu wem man etwas sagt, muss die Person mit *to* angeschlossen werden:

I said to her that she looked great. (nicht: I said ~~her~~...)

2.4.1 Die Veränderung der Zeiten in der indirekten Rede

Wenn das Verb des einleitenden Satzes in der Vergangenheit steht, ändert sich auch in der indirekten Rede die Zeitfolge *(change of tenses)*. Das Verb der direkten Rede wird nach einem festgelegten Schema in die Vergangenheit gesetzt *(backshift of time)*.

	direct speech		reported speech
present tense → past tense	Fred: "I **don't feel** very well."	→	Fred said (that) he **didn't feel** very well.
present perfect → past perfect	Suzanne: "I **haven't been** to a club for ages."	→	Suzanne mentioned (that) she **hadn't been** to a club for ages.
past tense → past perfect	Graham: "I **didn't go** last Saturday."	→	Graham said (that) he **hadn't gone** the previous Saturday.
going-to-future → was/were going to + infinitive	Tom: "I'm **going to do** my homework later."	→	Tom said that he **was going to do** his homework later.
will-future → would + infinitive	Claire: "I'**ll do** it straight away."	→	Claire answered that she **would do** it straight away.

BESONDERS NÜTZLICH

Ausnahmen des *backshift of time*

Steht in der direkten Rede die Zeitform *past perfect,* so kann diese nicht mehr in die Vergangenheit „zurückverschoben" werden, sondern bleibt bestehen.

Andrew pointed out: "We hadn't cleaned up the mess when my parents arrived."
Andrew pointed out (that) they hadn't cleaned up the mess when his parents arrived.

Genauso kann bei einer allgemeingültigen Aussage oder bei einer Aussage, die zum Zeitpunkt der Wiedergabe noch zutrifft, die Zeitform der direkten Rede unverändert bleiben. Ein *backshift of time* wäre jedoch auch nicht falsch.

Tom complained: "I hate school."
Tom complained (that) he hates school. (Tom sighed that he hated school.)

Ann said: "In spring the sea is still too cold to go for a swim."
Ann said (that) in spring the sea is still too cold to go for a swim.
(Ann said that in spring the sea was still too cold to go for a swim.)

2.4.2 Die Veränderung von Pronomen

Bei der Wiedergabe der direkten Rede in der indirekten Rede werden auch die Pronomen verändert.

direct speech → reported speech	
■ Änderung des **Personalpronomens:** – I, you → she/he – we, you → they	Michael said: "**I** am reading Bryson's latest bestseller." – Michael said (that) **he** was reading Bryson's latest bestseller.
■ Änderung des **Possessivpronomens:** – my, your → his, her – our, your → their – me, you → him, her – us, you → them	Michael told me: "**My** aunt gave it to **me** for **my** birthday." – Michael told me (that) **his** aunt had given it to **him** for **his** birthday.

2.4.3 Die Veränderung der adverbialen Bestimmung des Ortes und der Zeit

Nicht nur Pronomen, auch adverbiale Bestimmungen des Ortes und der Zeit werden der veränderten Sprechsituation angepasst. Dabei müssen der konkreten Situation entsprechend sinnvolle Veränderungen vorgenommen werden.

direct speech → reported speech		
now	→ then, at that moment	
today	→ on that day	Karen told me: "It's my birthday **today.**" – Karen told me (that) it was her birthday **on that day.**
tomorrow	→ the next day, the following day	
yesterday	→ the day before, the previous day	
last month	→ the month before, the previous month	
next year	→ the following year	She said: "I'll turn eighteen **next year.**" – She said (that) she would turn eighteen **the following year.**
this	→ that	
here	→ there	She continued: "I'm going to celebrate **here.**" – She continued (that) she was going to celebrate **there.**

2.4.4 Das modale Hilfsverb in der indirekten Rede

Die modalen Hilfsverben verändern sich in der indirekten Rede nach einem festgelegten Schema.

	direct speech		reported speech
will → would	Tom said: "I **will** help my father in the garden."	→	Tom said (that) he **would** help his father in the garden.
can → could	Tom explained: "I **can** earn some extra cash by mowing the lawn."	→	Tom explained that he **could** earn some extra cash by mowing the lawn.
may → might	His mother said: "I **may** need some help in the kitchen as well."	→	His mother said (that) she **might** need some help in the kitchen as well.
shall → should	Tom asked: "**Shall** I give you a hand afterwards?"	→	Tom asked if he **should** give her a hand afterwards.
needn't → needn't oder: needn't → didn't have to	My teacher said: "You **needn't** worry about your English grade."	→	My English teacher said to me (that) I **needn't** worry about my English grade. My English teacher said to me (that) I **didn't have to** worry about my English grade.
mustn't → mustn't oder: mustn't → wasn't to / weren't to	The sign on the bus said: "You **mustn't** speak to the driver when the bus is moving."	→	The sign said (that) you **mustn't** speak to the driver when the bus is moving. The sign said (that) you **weren't to** speak to the driver when the bus is moving.

BESONDERS NÜTZLICH

Besonderheiten einiger modaler Hilfsverben in der indirekten Rede

Die Hilfsverben *would, could, might, should* und *ought to* bleiben unverändert.
My sister said: „I ought to see a dentist."
My sister said (that) she ought to see a dentist.

Das Hilfsverb *must* kann mit *had to* ersetzt werden, wenn eine Verpflichtung oder ein Zwang ausgedrückt wird.
The bank manager said: "You must pay back the money this month."
The bank manager said (that) I had to pay back the money that month.

must kann jedoch in der indirekten Rede stehen bleiben, wenn eine Annahme, ein Vorschlag, eine Schlussfolgerung ausgedrückt wird.
My host said: "You must be tired after the long journey."
My host said that I must be tired after the long journey.

2.4.5 Die Aufforderung, der Vorschlag und die Einladung in der indirekten Rede

Aufforderung und Befehl (command)

Aufforderungen und Befehle werden in der indirekten Rede mit ***to/not to*** + Infinitiv wiedergegeben.

Teacher to pupil: "Put away your Maths book!" → The teacher told the pupil **to put away** his Maths book.

Zu den einleitenden Verben bei Aufforderungen und Befehlen gehören:
order · tell · command · instruct · ask

Teacher to girl: "Don't be late again!" → The teacher told the girl **not to be** late again.
Hockey trainer: "Bring your new hockey sticks!" → Our hockey trainer instructed us **to bring** our new hockey sticks.

Vorschlag (suggestion)

Ein Vorschlag wird in der indirekten Rede mit *suggest* eingeleitet. Darauf folgt kein Infinitiv mit *to*, sondern ein **Gerundium** oder ein *that*-Satz mit *should*.

The teacher suggested **taking** a short break.
The teacher suggested **that** they **should** work in pairs.

Einladung, Ratschlag und Bitte (invitation, advice, favour)

Einladungen, Ratschläge und Bitten werden in der indirekten Rede mit ***to/not to*** **+ Infinitiv** oder einem **Nebensatz** wiedergegeben.

The pupils **advised** the teacher **not to give** such complicated explanations.

Zu den einleitenden Verben gehören:
invite · ask · offer · advise someone

Eric: "Take an extra pair of shoes." → Eric **advised** me **to take** an extra pair of shoes.
Grandmother: "Would you like to eat something?" → My grandmother **offered** me something **to eat.**
Kate: "Would you like to have a look at my new painting?" → Kate **invited** me **to have** a look at her new painting.

2.4.6 Die Frage in der indirekten Rede

Bildung

- Werden Fragen in der indirekten Rede wiedergegeben, so verwendet man im einleitenden Satz die Verben *ask, want to know* oder *wonder.*
- Sofern in der direkten Rede ein Fragewort vorhanden ist, verbindet dieses Haupt- und Nebensatz (↑ S. 72).
- Andernfalls werden *if* oder *whether* als Konjunktion (↑ S. 88) verwendet.
- Die Regeln des *backshift of time* (↑ S. 83) für den Nebensatz gelten auch hier.
- Die Satzstellung im Nebensatz ist wie in Aussagesätzen: Subjekt – Verb.

The Blakes to the Smiths: "Where **did** you **book** your flight?" → They asked **where** they **had booked** their flight.
The Smiths: "What **are** you **doing?**" → The Smiths wanted to know **what** the Blakes **were doing.**
The Blakes to the Smiths: "**Are** you **going** to Scotland this summer?" → The Blakes wanted to know **if** they **were going** to Scotland this summer.
The Blakes to the Smiths: "**Didn't** you **go** there last year?" → They wondered **whether** they **hadn't gone** there the year before.

2.5 Die Konjunktion (conjunction)

BLICKPUNKT

Konjunktionen (Bindewörter)

← →

Nebenordnende Konjunktionen
verbinden Wörter, Satzteile oder zwei Hauptsätze.

Unterordnende Konjunktionen
leiten einen Nebensatz ein und können Haupt- und Nebensatz verbinden.

2.5.1 Die nebenordnende Konjunktion (coordinating conjunction)

Funktion und Gebrauch

Zu den nebenordnenden Konjunktionen *(coordinating conjunctions)* gehören: *and · both … and · or · either · but · neither … nor · not only … but also*

Nebenordnende Konjunktionen verbinden

- Wörter,

Lucy bought a book, a pen, **and** a writing pad.
Both Sue **and** her mother met me at 9 o'clock.
Neither Joe **nor** his brother Matthew are good rugby players.

- Satzteile

Jenny suddenly stopped **and** turned around.
Would you like to go to the beach **or** play golf?
You can **either** come along **or** stay here. It's up to you.
They were **not only** late **but also** completely tired.

- oder zwei Hauptsätze miteinander.

He helped me to do my homework **but** he didn't help me during the exam.

2.5.2 Die unterordnende Konjunktion (subordinating conjunction)

Funktion und Kommasetzung	
■ Unterordnende Konjunktionen *(subordinating conjunctions)* leiten einen Nebensatz ein. Sie verbinden Haupt- und Nebensatz (↑ S. 72).	It had begun to snow **before** the children woke up.
■ Beginnt der Satz mit dem Nebensatz, so trennt ein Komma Neben- und Hauptsatz. ■ Beginnt der Satz jedoch mit dem Hauptsatz, so setzt man kein Komma.	**As** it was snowing, the children couldn't wait to get outside. They were disappointed **because** there wasn't enough snow to go sledging.

Arten von Konjunktionen	
■ Konjunktionen, die einen Nebensatz des **Ortes** einleiten. Dazu gehören: *where* (wo, wohin) · *wherever* (wo/wohin auch immer)	Could you tell me **where** the station is?
■ Konjunktionen, die einen Nebensatz der **Zeit** einleiten. Dazu gehören: *after* (nachdem) · *once* (sobald) · *as soon as* (sobald) · *until* (bis) · *before* (bevor) · *when* (wenn, als) · *by the time* (bis) · *while* (während) · *as* (als) · *as long as* (so lange wie) · *since* (seit) · *whenever* (immer wenn)	I met an old friend **as** I entered my new school. She has lived in London **since** she left York. Give me a ring **whenever** you need me. My parents don't let me go out **as long as** I want to.
■ Konjunktionen, die einen Nebensatz des **Grundes** einleiten. Dazu gehören: *as* (weil) · *since* (da, weil) · *because* (weil)	**As** he was tired, he didn't get up early. **Since** he didn't get up on time, he missed the bus.
■ Konjunktionen, die einen Nebensatz des **Gegensatzes** einleiten. Dazu gehören: *although/though* (obwohl) · *even if* (auch wenn) · *even though* (obwohl) · *while* (wohingegen) · *whereas* (wohingegen) · *if* (wenn)	**Even though** I apologized, he was still angry. You'll have to hand in your essays **even if** you haven't finished. **Whereas** I left, my sister stayed.
■ Konjunktionen, die einen Nebensatz der **Bedingung** einleiten. Dazu gehören: *as long as* (vorausgesetzt dass) · *unless* (wenn nicht)	You can go out **as long as** you have finished your homework.
■ Weitere Konjunktionen, die Nebensätze einleiten. Dazu gehören: *as* (wie) · *as if* (als ob) · *that* (dass) · *so that* (sodass) · *whether* (ob)	**As** you know, your final exams will be next Monday. He looked at me **as if** he knew me. Do you know **whether** she'll come to my party?

TEXTE SCHREIBEN UND UNTERSUCHEN

1 Texte schreiben

Texte werden als Medium eingesetzt, um anderen Menschen etwas mitzuteilen. Sie werden nach ihrem Mitteilungszweck unterschieden.

BLICKPUNKT

Mitteilungszweck		Textsorte
erklären *(to explain)*	→	Begriffsbestimmung *(definition)*
beschreiben *(to describe)*		Beschreibung *(description)*
informieren *(to inform)*		Zusammenfassung *(summary)*
überzeugen *(to convince)*		Argumentation *(comment, discussion)*
einladen *(to invite)*		Einladung *(invitation)*
werben *(to advertise)*		Werbung *(advertisment)*
unterhalten *(to entertain)*		Unterhaltung *(entertainment)*

1.1 Die Begriffsbestimmung (definition)

Mit einer Begriffsbestimmung soll die Bedeutung eines Wortes mit einfachen Worten genau und verständlich umschrieben werden. Sie nennt die charakteristischen Merkmale eines Begriffs. Häufig wird ein Begriff mithilfe eines Relativsatzes erklärt.

Merkmale	
Inhalt ■ Die Begriffsbestimmung *(definition)* – ist eine knappe Form der Erklärung eines Begriffs, – stellt die Hauptmerkmale eines Begriffs heraus, – grenzt einen Begriff von anderen, sinnverwandten Begriffen ab, – beschränkt sich auf das Wesentliche und – sollte möglichst genau formuliert sein. ■ Sie wird bei Lexikonartikeln und Wörterbüchern mit Worterklärungen verwendet.	A **bird** is an animal that is able to fly. **Communication** is an exchange of information between communication systems, human beings or animals. A **political party** is an organization of people who represent the same political interests and aims. A **piano** is a musical instrument which is played by putting one's fingers on the black and white keys of the keyboard.
Aufbau und Sprache Die Begriffsbestimmung besteht aus zwei Teilen: ■ Der Begriff wird einem übergeordneten oder allgemeineren Begriff zugeordnet. Häufig wird dazu ein Hauptsatz (↑ S. 72) benutzt. ■ Die typischen Merkmale des Begriffs werden genannt, häufig mit einem Relativsatz (↑ S. 77). ■ Die Begriffsbestimmung kann durch ein Beispiel ergänzt werden. Wichtig ist, dass die Begriffsbestimmung nicht durch das Beispiel ersetzt wird.	**A cinema is a public place** where films are shown to an audience. A **bracelet** is a piece of jewellery **which you wear around your wrist.** A cinema is a public place where films are shown to an audience. **The Roxy, for example, is a famous cinema.** (Falsch als *definition:* ~~The Roxy and The Sundance are cinemas.~~)

1.2 Die Beschreibung (description)

BLICKPUNKT

Beschreibung

Merkmale	**Aufbau und Form**	**Sprachliche Gestaltung**
– informativ – sachlich – nachvollziehbar	– klare Gliederung – systematische Reihenfolge – Beschränkung auf das Wesentliche	– Verben im *simple present* – treffende Verben – genaue und verständliche Formulierungen – Redewendungen aus dem Wortfeld

1.2.1 Die Wegbeschreibung (telling someone the way)

Bei einer Wegbeschreibung kommt es darauf an, dass die Beschreibung für den Gesprächspartner oder den Leser **verständlich, nachvollziehbar** und **einprägsam** ist.

Merkmale

Wegbeschreibung für Fußgänger, Rad- oder Autofahrer

- Sie ist gekennzeichnet durch:
  - deutlich sichtbare Orientierungspunkte,
  - kurze und einprägsame Formulierungen,
  - Anweisungen in der Befehlsform (↑ S. 77).
- Nützliche Ausdrücke:
  It is/isn't far from here. (Es ist nicht weit von hier.) · *It is very near here.* (Es ist hier ganz in der Nähe.) · *to enter into* (betreten; hineinfahren) · *to turn right/left into* (einbiegen) · *to go straight on* (geradeaus gehen) · *to cross a street/a bridge* (überqueren) · *to pass* (vorbeigehen, -fahren) · *to walk past* (vorbeigehen) · *on your right/left* (rechts/links befinden) · *to reach, arrive at* (erreichen, ankommen)

"Excuse me, can you tell me the way to Waterloo Station, please?" – "**It isn't far from here.** You **turn into** Lambeth Road, **turn right** and **go straight on. Turn left into** Kennington Road until you get to Westminster Bridge Road. **Go straight on, walk past** the big cinema **on the right** until you see a large square surrounded by trees. **Cross the square.** The station is **on your right.** You can't miss it." – "Thank you very much!" –"That's all right. Bye."

Beschreibung eines Weges mit öffentlichen Verkehrsmitteln *(bus, train, underground)*

- Sie enthält folgende Hinweise:
  - zu Haltestellen und Bahnhöfen,
  - zum Umsteigen und
  - zur Fahrtrichtung.
- Nützliche Ausdrücke:
  to leave at (abfahren) · *to arrive at* (ankommen) · *to take the bus/the line/the train* (fahren mit …) · *to change at* (umsteigen) · *to get off at* (aussteigen)

"Excuse me, how can I get to the Tate Gallery, please?" – "The easiest way of getting to the Tate Gallery is **by tube. The nearest tube station** from here is Charing Cross. You **take the Jubilee Line, northbound,** to Green Park. There you **change to** the Victoria line and **take a southbound train.** For the Tate Gallery you **get off at** Pimlico. There are signs showing you the way to the Tate Gallery." – "Thanks for your help!" – "You're welcome. Have a nice day."

1.2.2 Die Bildbeschreibung (description of a picture)

Die Bildbeschreibung vermittelt einem Leser oder Zuhörer, dem das Bild unbekannt ist, eine genaue Vorstellung von **Gegenstand, Aufbau** und **Wirkung** der Abbildung.

Aufbau	
Einleitung *(introduction)* ■ Ausgangspunkt in der Einleitung sind **konkrete Fakten** (z. B. Bildart, Entstehungsdatum, Künstler usw.) und eine Aussage zur **Gesamtansicht.** ■ Nützliche Ausdrücke: *The photo was taken in the year … · The picture was painted by … in … · The cartoon was drawn in … · It shows … · It is a snapshot. · It is a painting of an indoor/ outdoor scene. · The picture was taken/painted at night/ during the daytime.*	"**The photo** *Kissing Sailor* **was taken** on 2nd Sept., 1945, when World War II came to an end for the United States. **It is a snapshot** which **shows** a **sailor kissing a nurse** in Times Square, New York City." (Alfred Eisenstaedt, *LIFE 1986,* Volume 9, Number 12, p. 318)
Hauptteil *(main part)* ■ Hier folgt die Betrachtung der Einzelheiten und ihrer Beziehung zueinander. ■ Das Bild wird in **Bereiche** aufgeteilt. ■ Besondere Aspekte werden genauer betrachtet. ■ Dabei werden die Einzelheiten in einer **sinnvollen Reihenfolge** untersucht, etwa von außen nach innen, von oben nach unten, vom Großen zum Kleinen, vom Allgemeinen zum Besonderen. ■ Nützliche Ausdrücke: *in the middle/at the centre · in the background ↔ foreground* · Präpositionen: *behind, between, next to, in front of, in, on, under · on the left ↔ on the right · at the bottom ↔ at the top · in the top right-/left-hand corner* (rechts/links oben) · *in the bottom right-/ left-hand corner* (rechts/links unten) · *to stand for* (symbolisieren) ■ Für Handlungen wird die *present-continuous*-Form (↑ S. 30) des Verbs benutzt.	The sailor and the nurse can be seen **in the middle of the photo.** Two more sailors and some other people are **behind them.** The buildings and advertisements of Times Square **form the background** of the photo. Some of the people **in the background** are smiling as they watch the couple kissing. The young sailor is in uniform and is wearing a white cap. The pretty young woman **in front of** him is dressed in white. The sailor is holding her **in** his arms and she is leaning **backwards** while he is bending **down to** kiss her.
Schlussbetrachtung *(conclusion)* ■ Die zuvor beobachteten Einzelheiten werden zu einem **Gesamteindruck** zusammengefasst. ■ Ausstrahlung, Wirkung und Absicht eines Bildes kann nun genauer bestimmt und begründet werden. ■ Das Bild kann nun in einen Zusammenhang eingeordnet werden. ■ Man kann eine eigene Meinung über das Bild äußern.	**The photo shows a scene of a special day,** a day of celebration. **It expresses** the joy people felt at the war being finally over. The pretty young woman in her white dress **stands for** beauty and peace. The young sailor gives peace a kiss of welcome.

1.2.3 Die Charakterisierung (characterization)

Die Charakterisierung beschreibt die äußere **Erscheinung** und **Wesensart** einer Person.

Merkmale	
■ Die Erscheinung **Eigenschaften, Verhaltensweisen** und die **Entwicklung einer Person** sind Gegenstand der Charakterisierung. ■ Sie sollte genau formuliert sein, um die beschriebene Person in ihrem Kontext vorstellbar zu machen. ■ Es werden möglichst treffende Substantive, Verben und Adjektive verwendet.	"On the one hand, Tom Sawyer is always **up to mischief, worrying Aunt Polly out of her wits.** On the other hand he is **generous** and **loyal** to his best friends; he would never **let them down.**" (*nach:* Mark Twain, *The Adventures of Tom Sawyer*. Easy Readers 1993, Ch. 1 und 14–16.)

Aufbau	
Einleitung *(introduction)* Die Person wird in knapper Form vorgestellt: ■ wer? ■ wo? ■ Alter? ■ welche Rolle im Text?	Tom Sawyer, the main character in *The Adventures of Tom Sawyer* by Mark Twain, is an eleven- to thirteen-year-old boy, who lives with his Aunt Polly and his half-brother Sid in St. Petersburg, Missouri. Tom's mother died when he was younger. Unlike his younger half-brother, Tom is a very lively child, not easy to handle for Aunt Polly.
Hauptteil *(main part)* ■ Die aus dem Text gewonnenen Einzelheiten über eine Person werden in einer **sinnvollen Reihenfolge**, z. B. vom Allgemeinen zum Besonderen, dargestellt: – die äußere Erscheinung (von oben nach unten), – die Persönlichkeitszüge (vom Offensichtlichen zum Verborgenen), – die Stellung innerhalb der Figurenkonstellation und das Verhalten zu anderen Figuren. ■ Textbeispiele belegen die Schlussfolgerungen.	Tom is more interested in adventures than in going to school. He often stays away from school in order to have some fun. "Tom did play hookey (schwänzen), and he had a very good time." (*The Adventures of Tom Sawyer*, Ch. 1) Tom is very clever, too, when he wants to have something very much. Chapter 3, for example, describes how Tom carries out his plan of being allowed to sit next to Becky Thatcher in class. Tom has noticed that the only empty seat on the girls' side is beside Becky. He knows that if he shouts into the classroom the teacher will punish him and have him sit with the girls.
Schlussbetrachtung *(conclusion)* ■ Anhand der zuvor herausgearbeiteten Einzelheiten wird eine **Gesamteinschätzung** der Figur und ihrer Bedeutung für den Handlungsverlauf begründet. ■ Abschließend steht eine **persönliche Stellungnahme** zum Handeln der Figur.	In *The Adventures of Tom Sawyer* the reader gets to know Tom in a number of different situations, having to do with different people, his aunt, the teacher, even some criminals. Though he is only a child, he beats the grown-ups by being faster and full of clever ideas. He is a boy most children would like to have for a friend.

1.3 Die Beantwortung von Verständnisfragen (comprehension questions)

Fragen zum Text überprüfen das Textverständnis. Dabei unterscheidet man Fragen nach dem Gesamtverständnis und Fragen nach dem Detailverständnis einzelner Textabschnitte.

1.3.1 Fragen nach dem Gesamtverständnis

- Fragen nach dem Gesamtverständnis werden gestellt, um zu überprüfen, ob man sich einen Überblick über den Text verschafft hat.
- Zu ihrer Beantwortung genügt die Erschließung unbekannten Vokabulars durch den Kontext.
- Es kann auch nach der Textsorte gefragt werden.
- Überschrift und Einleitungssatz des Textes geben wichtige Hinweise.

What is the text about?
What is the central idea of the text?
What conflict/situation/problem/development does the text describe?

What kind of text is it?
The heading "Man breaks leg in Black Mountains" shows that the text is about an accident.

1.3.2 Fragen nach dem Detailverständnis

Fragen nach dem Verständnis einzelner Textabschnitte sind in der Regel die sogenannten ***wh*-Fragen** *(who? what? when? where? why?)* und Fragen mit *how.* Ihre Beantwortung sollte sich sinngetreu auf das im Text Gesagte beziehen und mit Ausnahme von Kernbegriffen *(keywords)* mit eigenen Worten formuliert werden.

BESONDERS NÜTZLICH

Die Arbeit mit Fragen zum Text

Alle Informationen in einem Text, die zur Beantwortung derselben Verständnisfrage beitragen, werden auf gleiche Weise markiert (z. B. farbig).

Why does Tom live with his aunt?
Why does Aunt Polly have to look after Tom closely?
Why does Aunt Polly sometimes let him off?

(Mark Twain, *The Adventures of Tom Sawyer,* Ch. 1, Aunt Polly speaking:)
"Hang the boy, can't I ever learn anything? Why do I still look out for him by this time? The old fools are the biggest fools there are. (...) But, my goodness, he never does the same things two days, and how is one to know what's coming. He seems to know just how long he can go on before I get angry, and he knows that if he can make me wait a minute or make me laugh, it's all right again, and I can't beat him. (...) But he's my own dead sister's boy, poor thing, and I ain't got the heart to beat him, somehow. Every time I let him off I feel it is wrong, and every time I beat him my old heart almost breaks. He'll play **hookey** this afternoon. (...)"

1.4 Die Inhaltsangabe (summary)

Eine Inhaltsangabe informiert über den wesentlichen Inhalt eines Textes in griffiger Form.

Merkmale

- Die Inhaltsangabe kürzt den Inhalt eines Textes auf ungefähr ein Drittel des Originals, den **Textkern.**
- Sie stellt Verbindungen zwischen den wichtigsten Inhaltspunkten her und formuliert sie in geordneter Form.
- Sie enthält weder Wertungen noch persönliche Stellungnahmen.

Aufbau	
Einleitung *(introduction)* Ein einleitender Satz über das **Thema**, den **Gegenstand** oder den **Autor** ermöglicht dem Leser eine erste Orientierung.	The text by R. Rees and S. Styles **deals with** the situation of North American Indians today. (Rees/Styles, *The Plains Indians*, Longman, 1993)
Hauptteil *(main part)* ■ Im nächsten Abschnitt werden **Ort** und **Zeit der Handlung** sowie die **Hauptfiguren** genannt. ■ Die Reihenfolge des Textinhalts orientiert sich an der Art des Originaltextes: – bei Handlungsberichten an der zeitlichen Abfolge, – bei Beschreibungen an den Hauptmerkmalen, – bei Argumentationen an der Reihenfolge und den Beziehungen zwischen den Argumenten.	Bei diesem Sachtext orientiert sich die Inhaltsangabe an der **Reihenfolge der Argumente**: **In the first part** the text **explains why** it is wrong to think of the American Indians as a "dying race". **To begin with,** the authors **mention** that the number of North American Indians has been rising since 1900. They **continue** describing the government's changing attitude towards the Indians and the Indians' growing national self-esteem. They **point out** the importance Indians have gained in U.S. society. **In the second part** the authors **turn to** the future of the American Indians. They **doubt** if North American Indians will ever be able to live as close to nature as they did in the past.
Schlussbetrachtung *(conclusion)* Der letzte Satz der Zusammenfassung sollte wiedergeben, womit der **Originaltext abschließt.**	Styles and Rees **conclude by** quoting Chief Mankiller who expresses his hopes of a future for the Cherokee nation.

Sprachliche Gestaltung	
■ Die Zusammenfassung wird im *present tense* formuliert. ■ Vorzeitige Handlungen werden durch eine Form der Vergangenheit, zukünftige Handlungen durch das *will-future* (↑ S. 37) oder Wendungen mit futurischer Bedeutung (↑ S. 39) wiedergegeben.	The story **describes** how a Confederate farmer, who **has been enlisted** into the army, says good-bye to his family; none of them know if they **will** ever **meet** again after the war.
■ Wörtliche Rede, die für das *summary* wichtig ist, wird in der **indirekten Rede** wiedergegeben.	"Come in," said the woman. "Do you want to look at the flat?" → The woman **invited him to have** a look at the flat.
■ Um sich auf **das Wesentliche** zu beschränken, werden folgende Elemente vermieden: – Beispiele, Wiederholungen und Sprachbilder, – längere oder ungenaue Formulierungen.	They took her **under their wing.** → They gave her protection. **without causing any delay** → at once
■ Aufzählungen werden durch den Oberbegriff ersetzt.	They were able to grow **onions, cauliflower, cucumber** and **lettuce.** → They were able to grow **vegetables.**
■ Der Hauptgedanke eines Sinnabschnittes wird **mit eigenen Worten** formuliert. Kernbegriffe können übernommen werden.	"The neighbours were very good to her: occasionally some had the children in to meals, (...) one would mind the baby for a day." → Her neighbours helped her in many ways. (D. H. Lawrence, *Sons and Lovers*, Ch. III, Penguin Books 1973, p. 61)

BESONDERS NÜTZLICH

Formulierungshilfen für die Inhaltsangabe *(summary)*

- Für die Einleitung der Inhaltsangabe:
  The text is a report about ...
  The text deals with ...
  The text discusses the question if ...
  The text describes.../The text is a description of ...
  The story is about ...
  The action takes place in ...

- Konjunktionen und Wendungen für den Hauptteil:
  when, as soon as, after that,
  afterwards, during, while, at first, later,
  after a while, finally, at last
  The most important argument is ...
  as, since, because, for
  first(ly), secondly, moreover
  although
  consequently, as a result

- Die Hauptgedanken eines Sachtextes lassen sich besonders gut wiedergeben, indem man die **Absicht des Autors** durch ein bestimmtes Verb des Sagens oder Denkens ausdrückt:
  to introduce, to begin with
  to continue, to go on, to carry on
  to argue, to explain, to mention
  to point out, to stress the fact that
  to warn of, to doubt if, to wonder whether
  to want to know if, to come to the conclusion
  to complain about, to criticize, to disagree (with s.o.) about s.th.

- Konjunktionen und Wendungen für den Schlussteil:
  Finally .../At last ...
  to finish (by), to conclude (by)
  The text concludes by saying that ...

1.5 Die Argumentation (argumentation)

Durch die Argumentation wird eine **Behauptung begründet,** stichhaltig und überzeugend. Das Sammeln und Ordnen der Argumente geht der Niederschrift voraus.

Folgende Aufgabentypen erfordern eine Argumentation:
- eine **Auseinandersetzung** mit Gründen für oder gegen eine **Entscheidung**,
- eine Auseinandersetzung mit der **Meinung einer anderen Person**.
- Eine Argumentation kann auch von einer strittigen Meinung ausgehen. Die Beispiele und Argumente des Textes müssen kritisch untersucht werden.

Examine the question whether German teenagers should be allowed ...
Comment on/Analyse the problem of/Discuss whether ...
Many people want smoking in public to be banned completely. What is your opinion on this issue?

Aufbau

Einleitung: Hinführung zur Fragestellung
- Welcher sachliche Hintergrund liegt vor?
- Weshalb ist das Problem zurzeit aktuell?
- Inwieweit bin ich persönlich davon betroffen?

Today, German teenagers are allowed to take their driving test at the age of eighteen. However, a new law has been proposed that ... As I am going to be sixteen next month, the question whether ... is of great interest to me.

Hauptteil: Abwägen von Meinungen und Gründen ■ Die zu untersuchende Frage wird von mehreren Seiten betrachtet. *Although ... · We mustn't forget that ... · We have to keep in mind that ... · There is no denying the fact that ...* ■ Pro- und Kontraargumente werden gegenübergestellt. *The advantages/disadvantages of s.th. · On the one hand ... on the other hand ...* ■ Wenn möglich, sollten Zitate aus dem Text oder Tatsachenmaterial zur Beweisführung herangezogen werden. *There is enough evidence to show ... · This is proof enough to conclude that ... · Statistics show that ...* ■ Die Argumente sollten nach ihrer Wichtigkeit angeordnet werden. *Another reason why ... is ... · In addition ... · The most important argument which has to be mentioned is ...*	**Many people think** 16-year-old teenagers ... **because** they are ... **They are convinced** that ... **On the one hand** I must admit that they are partly right. **Statistics show** that ... A lot of harm is done by ... **On the other hand** we **have to keep in mind** that the new law could be an opportunity of ... **The most important argument, to my mind,** is that ...
Abschluss: Formulierung der persönlichen Meinung oder Vorschlag eines Kompromisses *It is for these reasons that I think that ... · I have come to the conclusion that ... · I'd like to finish by suggesting ... · To my mind / In my opinion ...*	The new law might offer ... as well as ... **Consequently,** it could be ... **I'd like to finish by saying** that I hope ...

1.6 Kreatives Schreiben (creative writing)

Ausgehend von einer Bild- oder Textvorlage entsteht beim kreativen Schreiben ein neuer, frei gestalteter Text. Die **Vorgaben der Vorlage** – Thema, inhaltliche Festlegungen, Merkmale der zu erstellenden Textsorte (z. B. Leserbrief) – müssen unbedingt vom eigenen Text aufgegriffen werden. Es gibt unterschiedliche Arten von kreativen Schreibaufgaben.

BLICKPUNKT

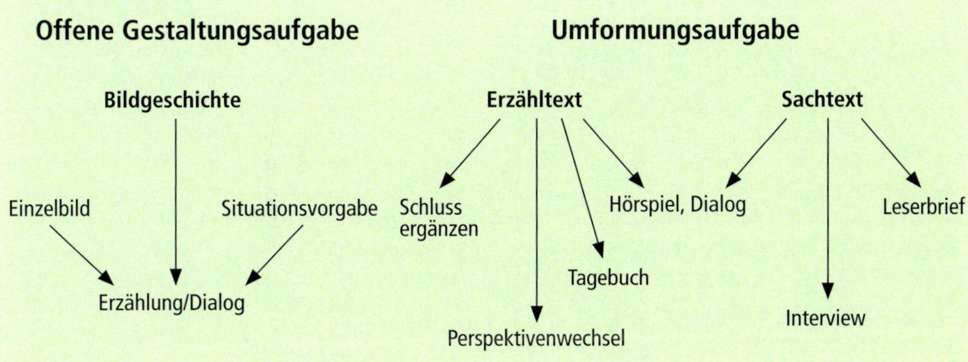

1.6.1 Die Erzählung (telling a story)

Bei dieser Vorgabe soll selbstständig eine unterhaltsame und spannende, aber realistische Geschichte geschrieben werden. Die selbstverfasste Erzählung trägt die Merkmale eines **Erlebnisaufsatzes.**

Vorgaben	
Vorgaben zum Schreiben einer Erzählung können sein: ■ ein Foto, ■ eine Zeichnung, ■ eine Bildgeschichte, ■ eine Situationsbeschreibung oder ■ eine Reihe von Stichwörtern sein.	Make up a story that explains what is to be seen in the picture. Write a story using five of these words: cave, desert, wilderness, valley, lake, heat, to drop, to leave, to hide, to survive.

Aufbau	
Einleitung Die Einleitung soll kurz sein und enthält die **Vorgaben der Ausgangssituation.** Das Bild oder die Bildgeschichte müssen kurz beschrieben werden. In der Vorgabe fehlende Angaben, z.B. Namen, dürfen ergänzt werden. **Leitfragen** für die Einleitung sind: ■ What is the **situation** shown in the picture? ■ Who are the **main characters?** ■ **When** and **where** does the story take place?	*Beispiel:* The photo shows Jackie on **the day when she told her mother she wanted to become an actress.** In the photo she turns her back on her mother, so obviously they are having a conflict. When Jackie came home from school that day she had already made up her mind: Now she was going to tell her mother about her plans of moving to London and of taking acting classes.
Hauptteil Im Hauptteil entwickelt sich die Handlung. Die Erzählung kann besonders lebendig gestaltet werden durch: ■ Dialoge in der **wörtlichen Rede,** ■ **Adjektive und Adverbien** zur Veranschaulichung von Figuren, Handlungen und Atmosphäre, ■ Aufsparen von Informationen für einen späteren Zeitpunkt zur **Erzeugung von Spannung,** ■ Einbau einer **überraschenden Wendung** der Handlung.	*(Ausschnitt:)* "Become an actress?" Her mother asked full of disappointment. "You know that we will have to pay for you." (...) In the evening Jackie was **anxiously** waiting for her father's reaction. Would he be as **suspicious** and **upset** as her mother? – After listening to her, he was silent for a while. "I never told your mom. My first girlfriend once wanted to be an actress. She still loves being on stage. Why not talk to her (...)?"
Schlussteil Der Handlungsstrang muss zu einem **logischen Ende** geführt werden. Die Geschichte kann mit einem unterhaltsamen Schlusspunkt (Pointe) enden.	Her father's answer filled Jackie with new hope. Talking to a real actress gave her plans a new direction – perhaps it might change her mother's mind, too. Or would she like to live under the shadow of her husband's old love?

1.6.2 Der Leserbrief (letter to the editor)

Im Leserbrief äußert jemand seine Meinung zum Inhalt oder zur Darstellungsweise eines Zeitungsartikels oder -kommentars.

Aufbau	
Der Leserbrief folgt einem festen Schema:	
■ Anrede,	Dear Sir or Madam,
■ Thema des Artikels und Datum der Ausgabe,	I read your **article on working women** in **Germany of January 30th.**
■ Beziehung des Lesers zum Thema,	I am of a family of very active women.
■ Reaktion und Gedanken, die der Artikel ausgelöst hat. Geeignete Formulierungen sind: *I was surprised, shocked, upset, deeply concerned by*	**I was surprised** to find that you had to face the same difficulties as my mother did when she started working as a scientist in Munich.
■ Darstellung und Begründung der eigenen Meinung zum Thema. Geeignete Formulierungen sind: *I am also worried about the problems of …*	**In my opinion** women who combine children and career should get better support, because many of them are highly qualified.
■ Schlussfolgerung oder Ausblick in die Zukunft,	Qualified women will help German economy.
■ Name, Alter, Herkunftsort.	Gianna M. (16), Munich

1.6.3 Der Perspektivenwechsel (changing the point of view)

Beim Perspektivenwechsel wird eine Geschichte aus der Sicht einer anderen Figur erzählt.

Merkmale	
■ Der Ursprungstext wird so umgeformt, dass die Konsequenzen einer Handlung für eine andere Figur sichtbar werden. Inhalt und Handlungsablauf des Ursprungstextes dürfen jedoch nicht verändert werden.	*(Wechsel von der Täter- zur Opferperspektive/ Ausschnitt:)* *In the story "Locker 160" Karen tells us how she and her classmates mob Miriam. Tell the story from Miriam's point of view.*
■ Es kommt darauf an, die **Reaktionen, Gefühle, Eindrücke** und **Gedanken** dieser Figur deutlich zu machen.	For some time Miriam had **had the feeling** that her classmates, especially Karen, were watching her curiously. Something was going on for sure, but she could not put her finger on it.
■ Dialoge in **direkter Rede** machen die Geschichte lebendig.	One morning she found a note in her locker saying "You stink." First she felt the shock of the insult. But what hurt her more was the fact that someone had been fiddling with her locker.

1.6.4 Das Interview (interview)

Die Informationen aus einem oder mehreren Sachtexten können in einem Interview neu strukturiert und zusammengestellt werden.

Aufbau	
■ Begrüßung des Interviewpartners und Vorstellung der eigenen Person,	"Good morning, Mr Begay. I am Tom M. from Mainz.
■ Anlass des Interviews,	I am doing a project about Native Americans at school.
■ exakte Formulierung des Anliegens,	I would like to know more about the tribes living on the east coast when the first Europeans came. How did they live?"
■ geordnete Darstellung des Wissens über das Thema durch den Befragten,	"The Secotan were the first natives the English met in the 16th century on the coast of North Carolina. In their gardens they grew vegetables the whites had never seen before."
■ Gliederung des Interviewverlaufs durch weitere Fragen,	"When did the Indians begin to lose their land?"
■ Abschluss und Verabschiedung.	"Thank you very much for all the information you gave me. Goodbye."

2 Texte untersuchen

Literarische Texte (fiktionale Texte), die eine konstruierte Wirklichkeit darstellen, können verschiedenen literarischen Gattungen zugeordnet werden. **Sachtexte (nonfiktionale Texte)** werden zu verschiedenen Mitteilungszwecken (↑ S. 90) hergestellt.

BLICKPUNKT

literarische Texte *(fictional texts)*

Gattung Epik (erzählende Texte):
- **narration** (Erzählung),
- **short story** (Kurzgeschichte),
- **fable** (Fabel),
- **novel** (Roman).

Gattung Lyrik (Gedichte und Lieder):
- **poem** (Gedicht),
- **ballad** (Ballade),
- **sonnet** (Sonett),
- **song** (Lied).

Gattung Dramatik (Dramen):
- **play** (Schauspiel),
- **comedy** (Komödie),
- **tragedy** (Tragödie),
- **short play/one-act play** (Kurzdrama/Einakter),
- **drama of the absurd** (absurdes Drama).

Sachtexte/Gebrauchstexte *(non-fictional texts)*
- **articles in newspapers and magazines** (publizistische Texte),
- **advertisement** (Werbung),
- **scientific texts** (wissenschaftliche Texte),
- **electoral speeches** (Wahlreden).

2.1 Erzählende Texte (narrative texts)

Zur Gestaltung der Erzählhandlung kann der Autor eine Erzählerfigur wählen und die Figuren unterschiedlich charakterisieren.

Der Erzähler

Der Erzähler *(narrator)* ist nicht mit dem Autor identisch. Er nimmt einen bestimmten Standpunkt *(point of view)* ein, von dem aus er die erzählte Handlung betrachtet und darstellt. Eine Erzählung kann erzählt werden:

- von einem Erzähler *(third-person narrator)*, der die erzählte Welt als Unbeteiligter von außen betrachtet,

  "All her life, Mrs Foster had had an almost pathological fear of missing a train, a plane, or a boat."
  (Roald Dahl, *The Way up to Heaven*, Klett Easy Readers 1980, p. 43)
  The story ist told by a third-person narrator.

- von einem Ich-Erzähler *(first-person narrator)*, der an der Handlung beteiligt ist. Er gehört zur Welt der Erzählung.

  "The other day I became confused. I needed a ray of light." (O. Henry, *The Voice of the City*, Schöningh 1977, p. 44)
  The story ist told by a first-person narrator who is involved in the action.

Die Handlung

Die Handlung einer Erzählung *(plot)* besteht aus einer Abfolge von Ereignissen *(events)*. Folgende Aspekte des Handlungsverlaufs können untersucht werden:

- die zeitliche Abfolge *(Is the story told chronologically/in chronological order?)*,
- Rückblick *(What ist told in flashback?)*,
- Wendepunkt und Höhepunkt *(Does the action have a turning point or climax?)*,
- Ursachen und Auslöser einer Handlung *(What consequences and affects does/will the event have?)*,
- Gibt es eine Rahmenhandlung *(Does the story have a framework structure?)*.

Die Figuren (the characters)

Direkte Charakterisierung *(direct characterization)* ■ Die Figuren werden dem Leser vorgestellt, die der **Erzähler selbst** beschreibt: – Aussehen *(outward appearance)*, – Gewohnheiten *(habits)*, – Verhalten, Einstellung und Meinungen *(behaviour, attitudes and opinions)*. ■ Der Erzähler erklärt das Verhalten einer Person.	Audrey's mother looked tired. She used to look after the animals in the evening. Audrey missed her sister terribly. She wondered who would care for her. Mrs Martin refused to see her, because she ...
Indirekte Charakterisierung *(indirect characterization)* ■ Das Verhalten einer Person wird **aus der Sicht einer anderen Figur** dargestellt und bewertet. ■ Der Erzähler beschränkt sich auf die kommentarlose Wiedergabe dieser Beschreibung. ■ Der Leser muss sich ein eigenes Urteil über die Person bilden.	"I hate my husband's secretary. A woman like her cannot bring good to this house," 48-year-old Mrs James told her cousin.

2.1.1 Die Kurzgeschichte (short story)

Die amerikanische und die englische Kurzgeschichte *(short story)* sind durch Knappheit und Konzentration gekennzeichnet. Sie holen einen kurzen Ausschnitt aus dem Leben der Hauptperson(en) nahe an den Leser heran. Häufig wird eine Entscheidungssituation, eine Krise oder ein Moment der Erkenntnis dargestellt.

Merkmale	
Inhalt ■ Eine einzige **Kernsituation** *(key situation)* wird dargestellt. ■ Nur für das Verständnis wichtige Elemente der Vor- und Nachgeschichte *(background to the story)* werden erwähnt. ■ Die Kernsituation und der Aufbau der Kurzgeschichte drücken einen bestimmten **Hauptgedanken** *(point of the story)* aus, z. B. *lack of understanding, friendship*.	"At two o' clock in the morning two Hungarians got into a cigar store at Fifteenth Street and Grand Avenue." (Ernest Hemingway, *I can tell wops a mile off.* From: *The Snow of Kilimanjaro and Other Stories*, Penguin Books 1963, p. 93) Der Anfangssatz konzentriert sich auf Ort und Zeit der Handlung, die Figuren und den Hauptgedanken *(prejudices against foreigners).*
Aufbau ■ Häufig steigt die Kurzgeschichte **unmittelbar in die Handlung ein** *(to start abruptly, to have an open beginning).* Der Anfangssatz liefert wichtige Hinweise für das Verständnis der Geschichte. Hauptperson und Ort werden im Anfangssatz als bekannt vorausgesetzt.	"She sat at the window watching the evening invade the avenue." (James Joyce, *Eveline*. From: *Dubliners*, Penguin Books 1973, p. 34)
■ Oft hat die Kurzgeschichte ein **offenes Ende** *(open ending).* Die Handlung wird nicht weiterverfolgt.	"Bertha simply ran over to the long windows. 'Oh, what is going to happen now?' she cried. But the pear tree was as lovely as ever and as full of flower and as still." (Katherine Mansfield, *Bliss*. From: *Bliss and Other Stories*, Penguin Books 1974, p. 110)
■ Häufig nimmt die Geschichte am Ende der Handlung eine **überraschende Wendung** *(surprise ending).* ■ Die Handlung strebt zu einem Höhepunkt *(climax)* hin, auf den ein **Wendepunkt** *(turning point)* folgt.	"All the seas of the world tumbled about her heart. He was drawing her into them: he would drown her. She gripped with both hands at the iron railing." (James Joyce, *Eveline*, p. 38)
Erzählerische Gestaltung ■ Konzentration auf einen **kurzen Zeitausschnitt** *(point in time)*, einen **Handlungsort** *(setting)* und eine einzige oder eine **kleine Gruppe von Figuren** *(characters).* ■ Schaffung einer **Atmosphäre** *(atmosphere)*, welche die Kernsituation unterstützt.	"During the whole of a dull, dark, and soundless day in the autumn of the year, when the clouds hung oppressively low in the heavens, I had been passing alone, on horseback, through a singularly dreary tract of country, and at length found myself, as the shades of the evening drew on, within view of the melancholy House of Usher." (Edgar Allan Poe, *The Fall of the House of Usher*. From: *Poe's Tales of Mystery and Terror*, Magnum New York 1967, p. 7) Eine düstere und bedrohliche Atmosphäre kündigt die unheilvolle Handlung an.

Merkmale (Fortsetzung)	
Sprache	
■ gedrängte Darstellung durch **treffende** und **bündige Ausdrucksweise.**	(siehe Beispiel auf S. 102 unten)
■ Hervorhebung von Schlüsselelementen durch **Symbole** *(symbols)* und **Wiederholungen** *(repetition of key expressions).*	"wondering where on earth all the dust came from" Staub symbolisiert hier Tod und Niedergang. (James Joyce, *Eveline*, p. 34)

BESONDERS NÜTZLICH

Leitfragen und Formulierungshilfen zur Untersuchung literarischer Texte

What is the story about? What event, situation or conflict is the story about? Where and when does the story take place?	The story is about the problem of/the conflict between ... The central event of the story is ... The story takes place in ... The setting of the story is ...
How is the story told? What parts does the story fall into?	The story begins in the middle of the action. The story has/falls into ... main parts. The first part forms the exposition of the story. The narrator gives a detailed description of the setting.
Does the story create a certain atmosphere? Are there any symbols/key expressions used in the text? What is the narrator's attitude towards the events?	The description creates a friendly/cold/uncanny (unheimlich)/hostile (feindselig) atmosphere. The narrator is one of the characters in the story. The narrator is a person outside the story.
How are the characters presented? Who are the main characters? What is the relationship between the characters?	... is the main character of the story. The narrator describes a person in detail. The narrator introduces a person at the beginning. (↑ S. 114, 115)
What is the author's intention?	The story shows the reader how ... ... is an example of ... The writer of the story wants to show ...

2.2 Poems and Songs

Gedichte *(poems)* und Songs unterscheiden sich von dramatischen und erzählerischen Texten durch ihre äußere Form, durch die Einteilung in Verse *(lines)* und Strophen *(stanzas)* sowie durch ihre bildhafte und konzentrierte Sprache.

BLICKPUNKT

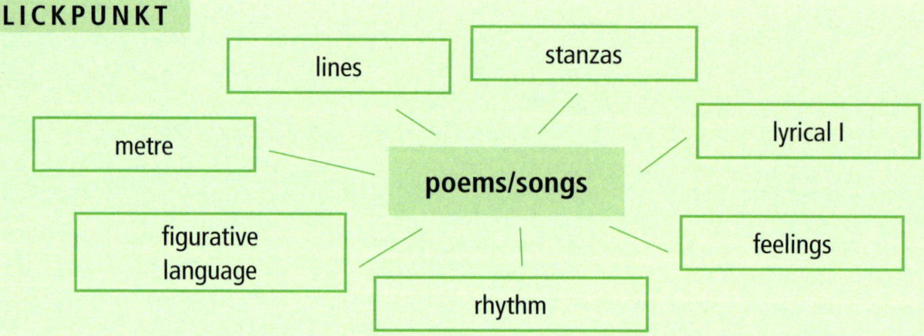

Merkmale

Inhalt

- Gedichte und Songs können alltägliche, aber auch gesellschaftskritische Themen behandeln.
- Sie spiegeln häufig die persönliche Sichtweise des Sprechers wider.
- Sie können Ausdrucksform für innere Vorgänge sein: bewegende Eindrücke oder Erfahrungen, tiefe und anhaltende Gefühle, gedankliche Vorgänge.

Gedichte:
Robert Frost, *Stopping by woods on a snowy evening*
William Wordsworth, *I wandered lonely as a cloud*
Songs:
The Beatles, *She's leaving home*
Sinead O'Connor, *Famine*
Don Fardon, *Indian Reservation*

Aufbau

- Gedichte und Songs bestehen aus einer unterschiedlichen Anzahl von **Strophen.**
  A poem is divided into two/three/ … stanzas.
- In Gedichten und Songs werden Strophen unterschiedlicher Länge verwendet.
  A stanza consists of two/three/four … lines.
- In Songs folgt häufig auf jede Strophe ein **Kehrvers**.
  In some songs, a stanza is followed by a refrain.

"My love is like a red, red rose
That's newly sprung in June:
My love is like the melodie
That's sweetly played in tune."
(Robert Burns, *A Red, Red Rose.* From: Herring, Meller, Sühnel, *British and American Classical Poems.* Georg Westermann Verlag 1966, p. 95)

Klangmittel

- Der **Reim** *(rhyme scheme)* führt zu Klangwiederholungen an den Zeilenenden.
  - *The lines of a poem rhyme in pairs: aa bb.*
  - *The poem has a cross rhyme: abab abab.*
  - *The poem has an embracing rhyme: abba.*

Dieses Gedicht ist ein bekannter Limerick:
a **"There was a young lady of Niger**
a Who smiled as she rode on a tiger;
b They returned from the ride
b With the lady inside,
a And the smile on the face of the tiger."
(William Cosmo Monkhouse. From: Herring, Meller, Sühnel *British and American Classical Poems,* G. Westermann Verlag 1966, p. 323)

- Die Alliteration *(alliteration)* entsteht durch die Wiederholung von Konsonanten *(consonant sound)* am Wortanfang.

Betty bought a pound of butter,
but she found the butter bitter.

- Die Anapher *(anaphora)* entsteht durch die Wiederholung von Worten am Zeilen- oder Satzanfang.

"When we allow freedom to ring –
When we let it ring from every city"
(M. L. King, *I Have a Dream.* Washington 1963)

Merkmale (Fortsetzung)

Sprache

- Der Dichter verwendet eine bildhafte Sprache zur Veranschaulichung seiner Gedanken.
- Als bildhafte Sprache *(figurative language)* bezeichnet man sprachliche Mittel wie
  - Vergleich *(simile)*,
  - Bild *(image)* und
  - Metapher (indirekter Vergleich; *metaphor*).

simile: *"I wandered lonely as a cloud"*
image: *"And then my heart with pleasure fills,*
And dances with the daffodils."
(William Wordsworth, *I wandered lonely as a cloud)*
metaphor: *"Love's not Time's fool"*
(W. Shakespeare, *Sonnet 116*. From: Herring, Meller, Sühnel *British and American Classical Poems*. Georg Westermann Verlag 1966, p. 138)

BESONDERS NÜTZLICH

Leitfragen und Formulierungshilfen zur Untersuchung von Gedichten und Songs

- **What is the theme or subject matter of the poem/song?**
  Does the poem/song have a particular setting (time and place)?
  Does the poem/song present any characters?
  Is the poem/song addressed to anybody in particular?

  The poem/song deals with/ is about ...
  ... describes the feeling of ...
  In his poem the speaker thinks about .../ remembers when ...
  The event which the poem/song describes takes place in ...
  The poem/song is addressed to ...

- **How is the theme presented?**
  Can the text be divided into parts?
  Are you able to trace a development in the poem?
  What attitude does the poet/songwriter show towards the subject matter?
  Does the poem create a certain mood (Stimmung)?

  The poem/song can be divided into ... parts.
  The first part/stanza describes ...
  The poem/song moves towards a climax.
  The poet's/songwriter's attitude towards the theme is ...
  The poem creates a sad/happy/thoughtful mood.

- **What is the effect of the performance?**
  Does the rhythm contribute to the atmosphere or mood of the poem/song?
  What is the singer's voice like?

  The rhythm is fast/slow/monotonous/smooth/lively/flowing.
  The singer's voice is high/deep/low/faint.
  It underlines the sad/aggressive tone of the song.

- **What is the poet's/songwriter's message?**
  Does the poem/song want to convey a message?

  The poem/song wants to express/to protest against/to ask for/to persuade the listener to ...

2.3 Sachtexte (non-fictional texts)

Definitionen

Seriöse Presse *(quality papers):* Tages- und Wochenzeitungen mit einem unauffälligen Layout, präziser und fachspezifischer Ausdrucksweise. Sie sind vorwiegend ernsthaft, sachlich und vergleichsweise objektiv.

Boulevardpresse *(popular papers):* Tageszeitungen mit auffälligem Layout und anspruchslosem Sprachschatz. Sensationelle und menschlich anrührende Inhalte werden einer sachlichen Berichterstattung vorgezogen. Sie appellieren vorwiegend an die Neugier, Sensationslust und das Mitgefühl der Leser.

Nachrichtenmeldung *(news report):* Form der Berichterstattung, die eine objektive und sachliche Darstellung eines Ereignisses und seiner Umstände liefert. Die Fragen nach den **fünf „wh"** (*who?, what?, when?, where?, why?,* but also *"how?"*) werden normalerweise im ersten Absatz beantwortet.

Reportage *(news story):* Form der Berichterstattung, die ein Ereignis nicht nur darstellt, sondern auch kommentiert.

Kommentar *(comment):* Zeitungsartikel, der sich mehr auf die Kommentierung eines Ereignisses als auf die Einzelheiten und Umstände eines Ereignisses konzentriert. Der Autor nimmt häufig Stellung zu gegenteiligen Ansichten und begründet seine persönlichen Schlussfolgerungen.

Leserbrief *(letter to the editor):* von einem Leser an die Zeitung gerichteter Brief. In dieser Form des Kommentars erhält der Leser die Möglichkeit, sich mit seiner Meinung zu einem Thema an die Öffentlichkeit zu wenden.

BESONDERS NÜTZLICH

Leitfragen und Formulierungshilfen zur Untersuchung von Sachtexten

What is the text about?	The text is about ...
What is the subject matter of the text?	The text deals with ...
What kind of text is it? Who did the author write for?	The text has been written for readers who are interested in ...
Who wrote the text?	The text was written by ...
How is the subject matter presented?	
What parts/units can the text be divided into?	The text can be divided into ... parts.
What is the author's attitude towards/opinion of the subject?	The author has a critical attitude towards the idea of ...
What is the author's main idea/most important statement? What reasons does he give?	She/he is opposed to ↔ has a positive attitude She/he is in favour of ...
What arguments in favour of/against ... does the author use?	She/he describes s.th. in detail. (ausführlich)
What conclusions does he come to?	She/he comes to the conclusion that ...
How does he end the text?	In her/his opinion we should ...
What is the author's intention?	The author wants the reader to believe that ...
Is the author convincing?	The author's arguments are (not) convincing, because ...
What is your opinion on the subject?	The author is partly right ...
Do you agree or disagree with the author?	I totally agree with the author because ...

WORTFELDER

1 Describing ourselves and others

Outward appearance

to be a … person
tall ↔ short (klein)
fat ↔ skinny (mager)
slim (schlank)

ugly ↔ pretty (*bei Frauen:* hübsch)
beautiful (schön)
good-looking/attractive looking (gut aussehend)
handsome (*bei Männern:* gut aussehend)

Facial expression

to look … (aussehen)
blank (ausdruckslos)
bored (gelangweilt)
peaceful (friedlich; ausgeglichen)
cheerful (erfreut)
relieved (erleichtert)
tired (müde)
worn out/exhausted (erschöpft)
alarmed (beunruhigt)
worried/troubled (besorgt)
desperate (verzweifelt)
angry/furious (wütend)

with …
a smiling face
a friendly expression (mit freundlichem Gesichtsausdruck)

to turn … (werden)
pale (blass)
red (rot)

to blush … (erröten)

Movements

to move … (sich bewegen)
slowly ↔ fast/quickly
calmly ↔ nervously
silently (geräuschlos)
carefully (vorsichtig)

hastily (eilig)
busily (geschäftig)
tiredly (müde)
with dignity (würdevoll)

Way of speaking

to speak …
encouragingly (ermutigend)
affectionately (liebevoll)
seriously (ernsthaft)
aggressively
threateningly (drohend)

to speak in a … way
matter-of-fact (sachlich)
friendly/polite ↔ rude/impolite (unhöflich)
humorous

Characteristics

a person is .../ a/an ... person

intelligence
clever ↔ stupid
intelligent ↔ unintelligent
interesting ↔ boring/dull
experienced ↔ inexperienced (unerfahren)
open-minded ↔ narrow-minded (engstirnig)
successful ↔ unsuccessful
ambitious (ehrgeizig)
sensitive (sensibel)
sensible (vernünftig)
self-confident (selbstbewusst)
self-reliant (selbstständig)
prejudiced against (voreingenommen)
clumsy (ungeschickt)

temper (Gemütshaltung)
kind/friendly ↔ unkind/unfriendly
generous (großzügig)
good-natured (gutmütig)
warm-hearted
modest (bescheiden) ↔ arrogant
thoughtful (nachdenklich)
considerate/thoughtful (rücksichtsvoll)
shy (schüchtern)
self-conscious (gehemmt)
self-confident (selbstbewusst)
understanding (verständnisvoll)
tolerant ↔ intolerant
patient (geduldig) ↔ impatient
selfish (egoistisch) ↔ unselfish
cheeky (frech, unverschämt)
aggressive ↔ quiet/peaceful
cruel (grausam; gemein)
violent (gewalttätig)

responsiblity (Verantwortung)
honest ↔ dishonest (unehrlich)
reliable ↔ unreliable (unzuverlässig)
brave (mutig) ↔ cowardly (feige)

a person is a/an ...
peacemaker ↔ troublemaker (Unruhestifter)
good mixer (kontaktfreudiger Mensch)
model student (Musterschüler)
leader (Anführer) ↔ outsider (Außenseiter)
spendthrift (Verschwender) ↔ miser (Geizkragen)
success (erfolgreicher Mensch) ↔ failure (Versager)
bully (Rüpel)

Behaviour towards others

to react to s.th. (auf etw. reagieren)

to behave ...
respectfully
in a friendly way ↔ rudely (grob; unhöflich)
politely ↔ impolitely (un-/höflich)
insultingly (beleidigend)
to insult s.o. (jdn. beleidigen)

to treat someone ...
with contempt/contemptously (verächtlich)

to be someone ... (jemand sein)
to rely on (auf den man sich verlassen kann)
you can trust/confide in (dem man trauen kann)

to support s.o. (jdn. unterstützen) ↔ to let s.o. down (jdn. im Stich lassen)
to encourage s.o. (jdn. ermutigen) ↔ to prevent s.o. from doing s.th. (jdn. hindern)
to feel pity for s.o./to pity s.o. (jdn. bemitleiden)
to admire s.o. (jdn. bewundern)
to flatter s.o (jdm. schmeicheln)
to look up to s.o. ↔ to look down on s.o. (herabblicken auf jdn.)
to envy s.o. s.th. (jdn. um etw. beneiden)
to pretend to be/do s.th. (vortäuschen)
to boast of s.th. (mit etw. angeben)
to show off (angeben)
to bully s.o. (jdn. schikanieren)
to terrify s.o. / to frighten s.o. (jdm. Angst einjagen)

2 Growing up and education

At home

in the family
parents (Eltern)
child (*Plural:* children)
childhood (Kindheit)
a single-parent family (Familie mit nur einem Elternteil)
a patchwork family (Familie mit Kindern, die aus verschiedenen Beziehungen hervorgegangen sind)
to be married (verheiratet sein)
to be divorced (geschieden sein)
to have a close/detached relationship to (eine enge/lockere Beziehung haben)
to get (s.o.'s) support (Unterstützung erhalten)
to give s.o. help and encouragement (Ermutigung)

rules at home
to be lax (nachgiebig) ↔ strict (streng)
to obey (gehorchen) ↔ to disobey
to follow the rules ↔ to break the rules
to be obedient (gehorsam) ↔ to be disobedient
to refuse to do s.th. (sich weigern)
(not) to be allowed to do s.th. (etw. [nicht] dürfen)
to behave badly/to misbehave (sich schlecht benehmen)

growing up
to grow up (heranwachsen)
to become an adult/a grown-up (erwachsen werden)
to experience s.th. (eine Erfahrung machen)
to become free/independent (unabhängig werden)
to be/feel responsible for s.th./s.o.
to stay out late (lange von zu Hause wegbleiben)
to leave home/move away from home
to have plans for the future

At school

at school (in der Schule als Institution)
in the school (im Schulgebäude)
to go to school (die Schule besuchen)
to be late for school (zu spät kommen)
to play truant/to skip lessons (schwänzen)
to start school at the age of ... ↔ to finish school/to leave/finish school (den Schulbesuch beenden)
to train for a career (eine Berufsausbildung absolvieren)
to teach
teacher
headteacher *[BE]*, principal *[AE]* (Schulleiter/-in)
pupil
class (Schulklasse; Kurs; Unterrichtsstunde)
period (Unterrichtsstunde)
subject (Unterrichtsfach)
classmate (Klassenkamerad/-in)
class spokesman (Klassensprecher/-in)
school government (Schülerverwaltung)

the school system
year *[BE]*/grade *[AE]* (Jahrgangsstufe)
term (Schulhalbjahr)
primary school (Grundschule)
secondary school (weiterführende Schule)
comprehensive school (Gesamtschule)
GCSE = General Certificate of Secondary Education (*[BE]* Abschluss der weiterführenden Schule)
GCSE O-level (*[BE]* Abschluss nach Jg. 10)
GCSE A-level (*[BE]* Abschluss nach Jg. 12)
to go to university
fees (Schulgebühren)

subjects at school
English · French · German · Latin · Maths/Mathematics · Biology · Chemistry · Physics · Computing · Music · Sports · Art · Religious Education · Geography · History · Social Studies (Sozialkunde)
timetable (Stundenplan)
free period (Freistunde)
study period (Zeit für das selbstständige Arbeiten)

At school (Fortsetzung)

school facilities (Einrichtungen)
schoolyard *[AE]*/playground *[BE]* (Schulhof)
playing field (Sportplatz)
gym (Turnhalle)
library (Bibliothek)
cafeteria
school office (Sekretariat)

learning
education (Bildung)
to learn
to know little/a lot about s.th.
to get to know s.th.
knowledge (Wissen)
to be well-educated (gebildet)
to study/work hard (gründlich lernen)
to be lazy
to be interested in a subject
to be good/bad at (doing) s.th.
to get good/bad marks *[BE]*/grades *[AE]* (Noten)
school report (Schulzeugnis)
to do a test (eine Arbeit schreiben)
to take a test/an exam (an einer Arbeit/Prüfung teilnehmen)
to pass an exam ↔ to fail in an exam (nicht bestehen)
to cheat (täuschen, schummeln)

after-school activities
to run a school magazine (Schülerzeitung herausgeben)
school club (Arbeitsgemeinschaft)
to be member of/to join a school club (teilnehmen an)
chess club (Schach-AG)
model club (Modellbau-AG)
gardening club (Schulgarten-AG)
school orchestra (Schulorchester)
school choir (Schulchor)

BESONDERS NÜTZLICH

Classroom phrases

How do you spell the word ...?
Is it spelled with a capital letter at the beginning?
Could you write it on the board, please?
What is the English way of saying ...?
What does the word ... mean?
What do you mean by ...?
What is the pronunciation of this word, please?
Could you say/read it more slowly, please?
Could you repeat the last sentence/word, please?
I couldn't hear you. Could you say it again, please?
I wasn't able to follow. Could you explain it again, please?
Could we do this (sentence/exercise) again, please?
What page is it, please?
I'd like to ask a question.
Where can I find (information about) ...?
It might be a good idea if we ...

3 Living together

3.1 Communication

how to communicate
to write a letter
to send s.o. a message
to be/get/keep in touch with s.o.
to communicate by e-mail/SMS/fax/on the internet
to talk on the (mobile) phone
to be online/on the phone
to log on to a computer system ↔ to log off/out
to connect to
connection between … and …/with s.th.

on the phone
to phone s.o./to ring s.o. up/to call s.o. on the phone
to pick up/put down the phone
to dial a number
to hear the dialling tone (Freizeichen)
to get a phone call
to answer the phone
to call/ring s.o. back

BESONDERS NÜTZLICH

Making a phone call

the person

making a phone call		answering a phone call
(This is) Sally Collins speaking.	→	How can I help you?
I'd like to speak to Mr Jones, please.	→	I'm sorry, but Mr Jones is not in at the moment.
Thank you, I'll call again later.	←	Would you like to leave a message?

Who's speaking? (Wer ist am Apparat?)
Oh, excuse me. I must have dialled the wrong number. (Ich muss mich verwählt haben.)
[BE] Could you put me through to Mr Jones, please? (Könnten Sie mich bitte mit Mr J. verbinden?)
[AE] Could you connect me with Mr Jones, please?
Could you give him a message, please? (Könnten Sie ihm etwas ausrichten?)

Ways of saying something

talking about a problem
to complain (sich beschweren)/to make a complaint
to protest (against s.th.)
to warn s.o. of s.th.
to threaten (drohen)

discussing
to ask/to ask a question
to want to know
to wonder if
to answer/to answer a question/to give an answer
to reply (erwidern)
to demand (fragen; verlangen)
to think
to believe (in) s.th. (glauben)
to comment on/to make a comment on

Ways of saying something (Fortsetzung)

to argue (sich streiten; argumentieren)
to discuss s.th./to have a discussion
to agree/to come to an agreement
to conclude from/to draw a conclusion
to apologize to s.o. for s.th. (sich entschuldigen)

giving information
to inform s.o. of s.th./to give s.o. information
to report
to explain s.th./to give an explanation of s.th.
to mention (erwähnen)
to add/to say s.th. in addition
to repeat
to continue/to go on (fortfahren)
to advise s.o. to do s.th./to give s.o. a piece of advice

to hint at s.th. (hinweisen) / to give s.o. a hint (einen Hinweis geben)
to boast (prahlen; angeben)

offering a solution
to offer (anbieten)
to suggest/to make a suggestion (vorschlagen)
to promise (verprechen)
to guess (erraten)

influencing someone
to persuade s.o. to do s.th. (jdn. überreden)
to convince s.o. of s.th. (jdn. überzeugen)
to point out to s.o. (hervorheben)

3.2 Feelings

general expressions
feeling (Gefühl, Empfindung)
to feel
a feeling of s.th. towards s.o.
to show one's feelings
to be in a cheerful/good/bad mood (Laune)

happiness
joy/happiness ↔ sadness
happy ↔ sad/unhappy
to be glad/delighted (froh; erfreut)

confidence (Vertrauen, Ermutigung)
to be confident (zuversichtlich sein)
to be optimistic
relief of/from s.th. (Erleichterung)
to be relieved to see/hear/read s.th. (erleichtert sein)
to feel close to s.o. (jdm. nahe sein)
to be patient ↔ impatient (ungeduldig sein)
patience ↔ impatience (Ungeduld)
to pity s.o./to feel pity for s.o. (jdn. bemitleiden)

surprise (Überraschung)
to be surprised at/by s.th.
to take s.o. by surprise (überraschen)
to be astonished
to be filled with astonishment
to be shocked at/by
to be a shock to s.o.
to be confused/in confusion (verwirrt sein)
to be puzzled/at a loss (verwirrt; ratlos)

unpleasant feelings
to feel at ease ↔ to feel uneasy (sich unwohl-fühlen)
uneasiness (Unbehagen)
to feel nervous/irritable (gereizt) ↔ calm
to be jealous of s.o./s.th. (neidisch/eifersüchtig)
to be sad
to be suspicious (misstrauisch sein)
distrust (Misstrauen)
for shame (aus Scham)
to be lonely (einsam)
loneliness (Einsamkeit)
to be ashamed of s.th. (sich schämen)
to feel shame
to be disappointed (enttäuscht sein)
to be embarrassed (verlegen sein)
with embarrassment (vor Verlegenheit)
embarrassing (peinlich)
to be tired of/fed up with s.th./s.o. (satthaben)

anger (Wut)
to be angry
to feel anger
to be annoyed with s.o. at/about s.th. (verärgert sein)
to be upset (bestürzt; aus der Fassung gebracht)

fear (Angst)
to fill s.o. with fear (jdn. ängstigen)
to fear s.th./s.o. (fürchten)
to frighten s.o. (erschrecken)
to be frightened/to be scared (plötzlich Angst haben, erschrocken sein)
to be afraid of s.th./s.o. (immer vor etwas Angst haben)

worry (Sorge)
to be desperate (verzweifelt)
to be in despair (verzweifelt sein)
to worry s.o. (jdm. Sorgen machen)
to trouble s.o. (belasten)
to be troubled (besorgt sein; Probleme haben)
to be anxious (bemüht sein, etwas unbedingt wollen; nervös, besorgt sein)
to have a clear ↔ guilty conscience (reines ↔ schlechtes Gewissen haben)
to feel guilty (sich schuldig fühlen)

idioms expressing feelings
to suffer from pangs of conscience (Gewissensbisse haben)
to lose one's temper (wütend werden)
to have pity on s.o. (Mitleid haben mit)
to be out of one's mind (verrückt sein)
to go out of one's mind/lose one's mind (den Verstand verlieren; durchdrehen)
to (not) mind doing s.th. (ausmachen, stören)
She doesn't mind/care. (Es ist ihr egal/gleichgültig.)

3.3 Attitudes and opinions

agreeing or disagreeing with something
to have an attitude towards s.o./s.th. (Einstellung, Haltung zu)
relationship between … and …/with s.o. (Beziehung zu)
to consider s.o./s.th. as/to be s.th. (halten für)
to regard s.o./s.th. as (halten für)
to change one's mind (die Meinung ändern)
to doubt (zweifeln)
to be familiar with/used to s.th. (vertraut sein mit)
to be strange to s.o. (fremd, ungewohnt; merkwürdig)
to criticize s.th./s.o. for s.th.
to be prejudiced against s.th./s.o. (Vorurteile haben gegen)

giving one's opinion
I think/feel/believe
In my opinion/to my mind … (meiner Meinung nach)
It seems to me that …
I'm convinced that …
I'm not quite sure, but …
Do you really think so?
You're right.
I agree with you (on s.th.).
I don't think that's right.
I don't think so.
I can't agree with you.
I can't share your opinion.
I can't accept your opinion on (s.th.).
I may be wrong but, …
I can't stand (s.th./doing s.th.)
I can't bear/take it any longer that … (ertragen, aushalten)

interest
to be interested in ↔ to be indifferent to (gleichgültig)
indifference to (Gleichgültigkeit)
to be curious (neugierig)
curiosity (Neugier)
to remember (sich erinnern)
to remind s.o. of s.o./s.th. (an jmd./etwas erinnern)

3.4 Likes and dislikes

liking someone or something
to accept (annehmen; akzeptieren)
to be interested in
to prefer … to … (bevorzugen)
to prefer doing s.th.
to respect
to get on/along with s.o. (gut zurechtkommen)
to appreciate s.th. (schätzen, anerkennen)
to enjoy s.th. (Spaß haben an)
to be fond of s.o./of doing s.th. (mögen)
to be keen on s.th. (sehr gern mögen)
to love (mögen; lieben)
to love s.o. for s.th. (jdn. lieben wegen)
to be affectionate (liebevoll sein)
to adore (anbeten; innig lieben)
to admire (bewundern)

idioms with "love"
s.o.'s love of s.th. (zu Dingen)
s.o.'s love for s.o. (zu Personen)
to fall in love with s.o. (sich verlieben)
to be in love with s.o. (verliebt sein in)
love at first sight (Liebe auf den ersten Blick)
to be lovesick (Liebeskummer haben)
Give/Send my love to …! (Grüße … von mir!)

disliking someone or something
to dislike (nicht mögen)
a dislike of/for (Abneigung)
to hate (nicht mögen; hassen)
to be filled with hate for (hasserfüllt)
to look down on s.o. (herabblicken auf)
to despise (ablehnen, verachten)
to show contempt for (Ablehnung, Verachtung)

3.5 Conflicts

causing a conflict
to annoy s.o. (verärgern)
to get on s.o.'s nerves (auf die Nerven gehen)
to start a rumour about s.o. (ein Gerücht verbreiten)
to call s.o. names (beschimpfen, beleidigen)
to make fun of s.o. (sich lustig machen)
to bully s.o. (drangsalieren)
to be s.o.'s rival (Rivale)

being in a conflict
to fight (streiten; kämpfen)
to quarrel/to have an argument with (streiten)
to argue (streiten; argumentieren)
to fall out with (sich verfeinden)
to be angry/upset with s.o./be cross with s.o (wütend, verärgert)
to feel hurt (verletzt)/offended/insulted (gekränkt, beleidigt)

putting an end to a conflict
to put an end to a conflict (beenden)
to solve a conflict (lösen)
to find a solution to a conflict (Lösung finden)
to cope with a problem (bewältigen)
to reconcile (versöhnen)
reconciliation (Versöhnung)
to apologize for s.th. (sich entschuldigen)
to make up for s.th. (wiedergutmachen)
an apology for s.th. (Entschuldigung)

conflicts in society
to break the law
racism, racist *(adj., n.)*
to discriminate against s.o. (jdn. benachteiligen)
to be prejudiced against s.o. (Vorurteile haben)
civil war (Bürgerkrieg)

conflicts between countries
to prevent a war (einen Krieg verhindern)
to be at war with (Krieg führen gegen)
to negotiate (verhandeln)

peaceful relationships
to cooperate (zusammenarbeiten)
to compromise (Kompromisse schließen)
to agree with s.o. on/about s.th. (zustimmen)
to share s.th. (teilen, gemeinsam haben)
to be understanding about s.th./towards s.o. (verständnisvoll sein)
to be friendly/kind (freundlich, lieb sein)

4 Institutions

4.1 Politics

local community
local (örtlich)
community (Gemeinde, Gemeinschaft)
administration (Verwaltung)
city hall *[AE]* (Gebäude der Stadtverwaltung)
town hall *[BE]* (Stadthalle)
community centre (Gemeindezentrum)
the city council *[BE]* (der Stadtrat)
council services *[BE]* (vom Stadtrat bereitgestellte Dienste)

politics
politician (Politiker)
military/economic power (Macht, Einfluss)
to have the power to do s.th.
to rule/govern a country (regieren)
to make decisions/to decide (whether)
to negotiate (verhandeln)
peace negotiations (Friedensverhandlungen)
to sign a contract/a treaty (einen Vertrag/ein Bündnis unterzeichnen)

political systems
democracy (Demokratie)
democratic (demokratisch)
monarchy
dictatorship

constitution
constitution (Verfassung)
to declare s.th. unconstitutional (für verfassungswidrig erklären)
minister (Minister)
to appoint s.o. minister (zum Minister ernennen)
government (Regierung)
to represent (vertreten)
representation (Volksvertretung)
Member of Parliament = MP (Parlamentsabgeordneter)
the executive power (ausführende Gewalt)
the judicial power (rechtsprechende Gewalt)
the legislative power (gesetzgebende Gewalt)
to introduce a new law
to veto s.th. (durch Vetorecht verhindern)

rights
to demonstrate for
to protest against
to fight for one's rights
constitutional rights (verfassungsmäßige Rechte)
civil rights (Bürgerrechte, Grundrechte)
human rights (Menschenrechte)
to violate human rights (verstoßen gegen)

elections
voters (die Wähler)
to vote for s.o./a political party (stimmen für)
to take votes (abstimmen)
to hold an election (eine Wahl abhalten)
election campaign (Wahlkampagne)
a candidate runs for an election (kandidieren)
to elect s.o. s.th. (jmdn. zu etwas wählen)
to be elected (as) Member of Parliament/President
political party (Partei)
party member (Parteimitglied)

USA
the President of the U.S.
the Congress
the Senate
the House of Representatives (das Repräsentantenhaus)
the Supreme Court (der Oberste Gerichtshof)
a system of checks and balances (System der Gewaltenteilung und gegenseitigen Kontrolle)
Declaration of Independence (Unabhängigkeitserklärung)

Great Britain
the Houses of Parliament
the House of Lords (Oberhaus)
the House of Commons (Unterhaus)
constitutional monarchy
the King/the Queen (König/Königin)
Prime Minister (Premierminister)
a member of the Commonwealth
colony (Kolonie)

4.2 The law

the legal system (Rechtswesen)
the police *(pl.)*
police officer
police station
to prevent crime (Verbrechen vorbeugen)
to solve a crime (ein Verbrechen aufklären)
to track down a criminal (einen Verbrecher verfolgen)
to catch a criminal (einen Verbrecher fangen)
to arrest s.o. (jdn. verhaften)
the arrest of s.o. (Verhaftung)
to deal with crime/vandalism (mit Kriminalität/Vandalismus umgehen)
lawyer (Rechtsanwalt)
judge (Richter)
the accused (der Angeklagte)
to accuse s.o. of s.th. (beschuldigen)
accusation (Anklage)
justice ↔ injustice (Ungerechtigkeit)
to be just ↔ unjust
to pass/abolish a law (Gesetz verabschieden/abschaffen)
to ban s.th. (verbieten)
to break a law/to offend against a law (gegen ein Gesetz verstoßen)

decisions at court (gerichtliche Entscheidungen)
to be on trial (vor Gericht stehen)
to win a case
to pardon s.o. (jdn. begnadigen)
to be guilty of s.th. (schuldig sein)
to be found guilty ↔ innocent (für un-/schuldig befunden werden)
to sentence s.o. to s.th. (jdn. verurteilen zu)
the sentence (das Gerichtsurteil)
to punish s.o. (jdn. bestrafen)
punishment (Bestrafung)
to be put on probation (auf Bewährung sein)
probation officer (Bewährungshelfer)
to be put into prison
life imprisonment (lebenslange Haftstrafe)
death penalty (Todesstrafe)
to execute s.o. (jdn. hinrichten)
execution (Hinrichtung)

5 The economy

5.1 Jobs and employment

all about the job
job (Arbeitsplatz/-stelle; Aufgabe)
work (Arbeit, Tätigkeit)
to go to work
at work (auf/in der Arbeit)
to employ people (Leute beschäftigen)
employer (Arbeitgeber)
employee (Angestellte/-r)
personnel (die Angestellten)
trade union (Gewerkschaft)
to earn a salary (Gehalt)
to earn a living (Lebensunterhalt)
to earn one's income by (Einkommen)
to be on/to take maternity leave (Erziehungsurlaub)
to take a day off (einen Tag freinehmen)
to retire from work (in den Ruhestand treten)

looking for a job
to give s.o. notice (kündigen)
to dismiss s.o. from a job (entlassen)
to lose one's job
out of work/unemployed/jobless (arbeitslos)
to look for a job
to apply for a job (bewerben)
to write a letter of application (Bewerbung)

kinds of jobs
a well-paid/poorly paid job
to do odd jobs (Gelegenheitsarbeiten übernehmen)
to have a full-time job
to have a part-time job (Teilzeitarbeit)
to do shift work (Schichtarbeit)
to be on the day/night shift
working conditions are ... (Arbeitsbedingungen)

to work ...
for a computer company
in a factory
three days a week
eight hours a day
full-time
part-time

training for a job
a ... worker
skilled (ausgebildet)
unskilled (unausgebildet)
untrained (ungeübt)
to learn a trade (ein Handwerk erlernen)
to train to be a ... (einen Beruf erlernen)
to start an apprenticeship (Lehre)
vocational training (Berufsausbildung)
qualifications (Ausbildungsabschluss)

Jobs

trades (Gewerbe, Handwerk)
carpenter (Zimmermann)
bricklayer (Maurer)
stone mason (Steinmetz)
plumber (Installateur/-in)
electrician (Elektriker/-in)
joiner (Schreiner/-in)
cabinet-maker (Tischler/-in)
interior decorator (Maler/-in)
glazier (Glaser/-in)
optician (Optiker/-in)
hairdresser (Frisör/-in)
fashion designer

artists (Künstler/-in)
sculptor, sculptress (Bildhauer/-in)
painter
musician
poet (Dichter/-in)
actor, actress
dancer
director (Regisseur/-in)
pavement artist (Straßenkünstler/-in)
photographer

professions (Berufe mit Universitätsausbildung)
doctor/GP (= general practitioner) (Arzt/Ärztin für Allgemeinmedizin)
surgeon (Chirurg/-in)
dentist (Zahnarzt/-ärztin)
veterinary surgeon (Tierarzt/-ärztin)
pharmacist (Apotheker/-in)
judge (Richter/-in)
scientist (Wissenschaftler/-in)

industrial jobs
mineworker (Bergarbeiter/-in)
industrial manual worker (Industriearbeiter/-in)
mechanic (Mechaniker/-in)
fitter (Maschinenschlosser/-in)
technician (Techniker/-in)
machine operator (Maschinenbediener/-in)
telecommunications technician (Nachrichten-, Fernmeldetechniker/-in)

jobs with people
teacher
nurse
receptionist
secretary
tourist guide
vocational adviser (Berufsberater/-in)
social worker (Sozialarbeiter/-in)
physiotherapist (Physiotherapeut/-in)
shop assistant (Verkäufer/-in)
nursery school teacher (Erzieher/-in)

jobs with computers
secretary
typist (Schreibkraft)
office worker (Büroangestellte/-r)
clerk (Bürokaufmann/-frau)
bank clerk
accountant (Buchhalter/-in)
industrial sales representative (Industriekaufmann/-frau)
engineer (Maschinen-, Bauingenieur/-in)
architect

5.2 Business and trade

production
economy (Wirtschaft)
economic (die Wirtschaft betreffend, Wirtschafts-)
economical (sparsam)
globalization (Globalisierung)
global (weltweit)
product (Erzeugnis, Produkt)
goods (Waren)
to produce goods (Waren herstellen)
production (Herstellung)
food production (Nahrungsmittelproduktion)
to run into debt (verschulden)
to pay off one's debts (Schulden abbezahlen)
to borrow (ausleihen)
to lend (verleihen)

supply (Vorrat, Versorgung)
the water/food/electricity supply
to supply s.o./s.th. with (versorgen, beliefern)
to store goods (lagern)
to run out of s.th. (nur noch wenig haben)
to be short of (fehlen an)
There is a shortage of ... (Mangel an)
to be available (erhältlich sein)

buying and selling
to buy/to sell (kaufen/verkaufen)
sale (Verkauf)
to run a business (Geschäft betreiben)
trade (Handel; Handwerk)
international trade (Welthandel)
shop *[BE]*/store *[AE]*
department store (Kaufhaus)
supermarket
company (Firma)
to advertise a product (werben für)
advertisement (Werbeanzeige)
advertising (Produktwerbung; die Werbebranche)

at the ... (beim)
grocer's (Lebensmittelhändler/-in)
butcher's (Metzger/-in)
baker's/bakery (Bäckerei)
stationer's (Schreibwarenhändler/-in)
newsagent's (Zeitschriftenhändler/-in)
to go shopping/to do the shopping (einkaufen)
to carry a shopping bag
customer (Kunde)
to pay for s.th.
cheap ↔ expensive (teuer)
at the cash desk (an der Kasse)

industry (Herstellung, Erzeugung)
industrial production (Industrieproduktion)
a manufacturer of (Hersteller)
car manufacturer (Automobilhersteller)
car factory (Autofabrik)
coal mining (Bergbau)
oil platform (Bohrinsel)

the ... industry
tourist
computer
steel
heavy (Schwerindustrie)
film industry (Filmindustrie)
advertising industry (Werbebranche)

BESONDERS NÜTZLICH

Shopping

Excuse me, can you help me? I am looking for a blouse/a pair of sandals.
Can I help you? – Oh, thank you; I'm just looking. (Ich schau mich nur um.)
How much is ... ? (Wie viel kostet ...?)
What size is ...? (Welche Größe hat ...?)
I need a bigger/smaller size.
These shoes are 10 % off. (reduziert)
I'm sorry, but I haven't got any change with me. (Ich habe leider kein Kleingeld dabei.)
Are you paying in cash or by credit card?
Can I pay by credit card?

5.3 Transport and travelling

vehicles
van (Lieferwagen)
lorry *[BE]*/truck *[AE]* (Lkw)
ambulance (Krankenwagen)
fire engine (Löschfahrzeug)
coach (Reisebus)
the Underground *[BE]*, subway *[AE]*
ferry (Fähre)
rowing/sailing/motor boat
hovercraft (Luftkissenboot)
aeroplane/plane/airplane *[AE]*

roads and rails
motorway (Autobahn)
exit (Autobahnausfahrt)
one-way street
crossing (Kreuzung)
roundabout (Kreisverkehr)
flyover (Überführung)
cycle track (Radfahrweg)
pavement (Bürgersteig)
pedestrian crossing *[BE]*/pedestrian walk *[AE]* (Fußgängerüberweg)
pedestrian area (Fußgängerzone)
railway line *[BE]*/railroad *[AE]*
railway station (Bahnhof)
airport
port (Hafen)
bus stop
petrol station *[BE]*/gas station *[AE]* (Tankstelle)

traffic
traffic sign (Verkehrsschild)
traffic light (Verkehrsampel)
traffic jam (Verkehrsstau)
to be stuck in a traffic jam (im Stau stecken)
the rush hour (Berufsverkehr)
car accident
under repair (in Ausbesserung)
to block a road (blockieren)
to take a diversion (Umleitung)

Travelling

to leave for ↔ to arrive at (ankommen in)
departure ↔ arrival (Ankunft)
domestic/overseas flight (Inlands-/Überseeflug)
to go on a sightseeing tour
to get into a car
to catch/take the bus/the train

to travel ...
abroad (Ausland)
by plane/boat/car/rail
to come by boat/rail/road
on the bus

to drive ... (ein Fahrzeug steuern)
a car
at high/low/full speed (Geschwindigkeit)
at 50 mph (= miles per hour)
to keep to ↔ to break the speed limit (Geschwindigkeitsbeschränkung)
to get on/off (ein-/aussteigen)

to ride ... (fahren mit)
one's bike/on the bus
a bus ride (Busfahrt)
to give s.o. a ride (im Fahrzeug mitnehmen)
to change trains (umsteigen)
to cancel a flight (absagen, ausfallen lassen)
a delay of 10 minutes (Verspätung)
to be delayed (Verspätung haben)
to have/get a driver's licence (Führerschein)
to get a parking/speeding ticket (Strafzettel)
to fill a car up with petrol (tanken)
to carry passengers

BESONDERS NÜTZLICH

Buying a ticket

Client

Two tickets (for a flight) to London, please.
I'd like to book two seats on a flight to London, please. Can I make reservations for two seats?
How much is a weekly/monthly season ticket?
(ermäßigte Wochenkarte/Monatskarte)
Does the bus operate on Sundays?
(Fährt der Bus sonntags?)

Ticket clerk

One-way or return?
Smoker or non-smoker? First-class, second-class/economy class?

6 Shaping the world

6.1 Science and technology

Research (Forschung)

science (Naturwissenschaften)
scientific (wissenschaftlich)
laboratory (Labor)
to cause s.th. (verursachen)
the cause of s.th. (Ursache für)
to be the result of/consequence of (Ergebnis/Folge)
to lead to s.th. (führen zu, zur Folge haben)
to have an effect on (Auswirkung haben auf)
to influence s.th./to have an influence on (beeinflussen)
to look for/find ...
to develop (entwickeln)
development (Entwicklung)
to invent s.th. (erfinden)
invention of s.th. (Erfindung)
to discover s.th. (entdecken)
discovery of s.th. (Entdeckung)

to explore (into) s.th. (erforschen)
unexplored (unbekannt; unerforscht)
to investigate s.th. (untersuchen, forschen)
research into/on s.th. (Forschung)

to carry out ... (durchführen)
a project
an investigation
a test (Versuch)

products of technology
genetically modified food (= GM food) (genmanipulierte Nahrung)
technical device (Mittel, Instrument)
electricity
spaceflight (Raumfahrt)
spacecraft/spaceship (Raumschiff)
spaceshuttle (Raumfähre)

Operating machines

gadget (Gerät; Apparat)
to operate a machine (bedienen)
to switch/turn on/off (ein-/ausschalten)

to press the switch/the button
to work on the computer

BESONDERS NÜTZLICH

Computing

Do you have an e-mail address/a web page?
Can I contact you by e-mail?
Do you have access to the net? (Internetanschluss)
I'm surfing the net. (Ich surfe im Internet.)
The search engine helps me find web sites. (Suchmaschine)
My homework is doing a search on tourism in Wales. (Internetrecherche)
The monitor has a screen. (Bildschirm)
DVD/CD-ROM/floppy disk drive (DVD-/CD-ROM/Diskettenlaufwerk)
hard disk/hard drive (Festplatte)
to use the mouse to click on the window
to open/close/start a new file (Ordner)
to put the cursor at the beginning of a line

6.2 The natural environment

Our planet

nature (Natur)
natural ↔ artificial (künstlich)
natural habitat (Lebensraum)
area (Gebiet; Gelände; Gegend)
region (Gegend; Zone)

the sea (Meer)
island (Insel)
peninsula (Halbinsel)
coast
beach
the tide (Gezeiten)
at high tide ↔ low tide (bei Flut ↔ Ebbe)

plain (Ebene)
mountain ↔ valley (Tal)
hill (Hügel)
rock (Felsen)
the bank of a river (Flussufer)
the shore of a lake (Seeufer)

natural resources (Rohstoffe)
minerals
fossil fuels (fossile Brennstoffe)
coal
oil
water
ecological (ökologisch)

Plant life

plant (Pflanze)
bush
forest
wood (kleinerer Wald)
rainforest
jungle
desert

the parts of a tree
trunk (Stamm)
branch (Ast)
twig (Zweig)
leaf (*pl.* leaves) (Blatt)
fruit (Obst, Frucht)

Nature at risk

to threaten (bedrohen)
to be a threat to (Bedrohung)

to kill/to destroy ...
plant and animal life
endangered species (bedrohte Arten)

... pollution (Verschmutzung)
air/water/soil/noise
to pollute (verschmutzen)
climate change (Klimaveränderung)
to heat up
to destroy the ozone layer
global warming (Klimaerwärmung)
the greenhouse effect (Treibhauseffekt)
exhaust fumes (Abgase)
acid rain (saurer Regen)

fumes and noise produced by ...
engines (Motoren)
traffic
aircraft
smoke (Rauch)

... waste (Abfälle)
industrial/chemical/poisonous/toxic (giftig)/nuclear
to empty waste into rivers/the sea

protecting nature
environmental programmes
to develop alternative sources of energy
solar/wind power

to reduce ... (verringern, drosseln)
energy consumption (Energieverbrauch)

6.3 Global problems and global development

Population (Bevölkerung)

the population is ...
growing/increasing (zunehmen)
the birth rate is rising (Geburtenrate)
the death rate is sinking (Zahl der Todesfälle)
overpopulation (Überbevölkerung)
overcrowded cities (überbevölkerte Städte)

progress (Fortschritt)
poor ↔ wealthy countries
poverty (Armut) ↔ wealth (Wohlstand)
to fight poverty
to develop a country's economy
a developed country (modernes Industrieland)
a less developed country (Entwicklungsland)
a least developed country (ärmstes Entwicklungsland)

living conditions (Lebensbedingungen)
food/water problem
to starve (ver-/hungern)
hunger/starvation (Hunger, Unterernährung)
to die of hunger
to suffer from s.th. (leiden unter/an)
suffering (Leiden)
to destroy (zerstören)
destruction (Zerstörung)
to survive (überleben)
survival (Überleben)
to improve (verbessern)
improvement of s.th. (Verbesserung)
to raise the standard of living (den Lebensstandard anheben)
health care (Gesundheitswesen)
education (Bildung)

A global network

global relationships (weltweite Beziehungen)
the international /global market (Weltmarkt)
world trade (Welthandel)
to divide countries (Länder trennen)
to link countries (Länder verbinden)
to become partners in trade
to trade with one another (Handel treiben)
to take part in international projects
to take part in exchange (Austausch)
to be on exchange (an einem Austausch teilnehmen)
to use a world language
to support countries (unterstützen)
aid (Entwicklungshilfe)

to receive ... aid (Hilfe erhalten)
medical (medizinische)
humanitarian (humanitäre)

Migration (Bevölkerungsbewegung)

the escape from (Flucht)

to escape (from) ... (entfliehen, entkommen)
political conflicts
war
economic problems
to live in a refugee camp (Flüchtlingslager)
to flee from (flüchten)
refugee (Flüchtling)
the flight of the refugees (Flucht)
to lose one's home
to emigrate from ... to ... (auswandern)

emigration for ... reasons (aus ... Gründen)
religious/political/economic
to immigrate to ... from ... (einwandern in)
immigration
immigrant (Einwanderer)
immigrant *(adj.)*
illegal immigrant
to start a new life
foreigner (Fremder, Ausländer)

7 Die Wortbildung (word formation)

BLICKPUNKT

Arten der Wortbildung

Zusammensetzungen	Konversion	Hinzufügen einer Vorsilbe	Hinzufügen einer Nachsilbe
household opening night blue-black	to help (verb) – help (noun) wet (adjective) – to wet (verb)	disappear impossible non-smoking uncomfortable	organization typist washable

Die Zusammensetzung (compound words)

Wörter unterschiedlicher Wortarten werden miteinander zu neuen Worten **kombiniert.** Es entstehen zusammengesetzte Wörter, sogenannte **Komposita.**

- Zusammensetzungen mit Substantiven:

Substantiv + Substantiv	seaweed, garden-party, boy-friend
Gerundium + Substantiv	swimming-pool, dancing-queen
Substantiv + Gerundium	island-hopping, bungee-jumping
Adjektiv + Substantiv	greenhouse, madman

- Zusammensetzungen mit Adjektiven:

Substantiv + Adjektiv	fat-free, fire-poof, nation-wide
Substantiv + Partizip	record-breaking, breathtaking, homemade
Adjektiv + Adjektiv	light-green, Indo-Germanic, blue-black
Adjektiv/Adverb + Partizip	well-dressed, good-looking
Zahlwort + Substantiv im Singular (+ Adjektiv)	a two-year-old car, a ten-minute walk

Die Konversion (conversion)

■ Ein Wort kann bei gleicher äußerlicher Form in unterschiedlichen Wortarten vorkommen. Dies nennt man **Konversion.** ■ Nur aus dem Satzzusammenhang wird die jeweilige Wortart deutlich, also ob ein Wort beispielsweise ein Adjektiv oder ein Substantiv ist.	I have a **wish.** I **wish** you were here. He caught a **cold.** It is really **cold** outside. She had a **drink.** She doesn't usually **drink coffee.**

Die Bildung mit Vorsilben (prefixes)

Durch das Hinzufügen unterschiedlicher Vorsilben können Substantive, Adjektive, Adverbien oder Verben ein neues Wort mit neuer Bedeutung bilden. Dabei ändert sich die Wortart normalerweise nicht.

■ Vorsilben, die das **Gegenteil** ausdrücken, sind *dis-*, *in-*, *im-*, *il-*, *ir-*, *non-* und *un-*.	**dis**advantage, **in**tolerant, **im**possible, **ir**resistible, **non**-alcoholic, **un**fortunately
■ Vorsilben, die eine **höhere** oder **niedrigere Stellung** ausdrücken, sind *over-*, *sub-* und *super-*.	**over**-looking, **sub**continent, **super**-power
■ Vorsilben der **Ablehnung** oder **Zustimmung** sind *anti-* und *pro-*.	**anti**-war, **pro**-American
■ Vorsilben mit **örtlichem Bezug** sind *inter-*, *sub-* und *trans-*.	**inter**continental, **sub**way, **trans**plant
■ Vorsilben mit **zeitlichem Bezug** sind *ex-*, *post-*, *pre-* und *re-*.	**ex**-wife, **post**-industrial, **pre**historic, **re**organization

Die Bildung mit Nachsilben (suffixes)

Durch das Hinzufügen unterschiedlicher Nachsilben können neue Substantive, Adjektive und Verben gebildet werden.

▪ Nachsilben nach Verben, die **abstrakte Substantive** bilden, sind *-(a)tion, -sion, -ment* und *-ance/-ence*.	to dictate – dictation, clever – cleverness, to transmit – transmission, to assess – assessment, to perform – performance, to organize – organiz**ation**
▪ Nachsilben nach Adjektiven, die **abstrakte Substantive** bilden, sind *-ness, -ance/-ence* und *-(i)ty*.	tolerant – toler**ance**, national – national**ity**, stupid – stupid**itiy**
▪ Nachsilben, die einen **Beruf** oder **Gruppenzugehörigkeit** ausdrücken, sind *-er/-or, -ant/-ent, -ist, -(i)an*.	to act – act**or**, to direct – direct**or**, to assist – assist**ant** national – national**ist**, vegetables – vegeta**rian**
▪ Nachsilben, mit denen ein Adjektiv gebildet werden kann, sind: *-ful/-less, -ous, -y, -able, -ic*.	play – play**ful**, irony – ironi**c**, nerves – nerv**ous**, health –health**y**, fashion – fashion**able**
▪ Nachsilben, mit denen ein Verb gebildet werden kann, sind: *-ize, -en*.	harmony - harmon**ize**, broad - broad**en**

Register

Redewendungen mit englischen Verben

Redewendungen mit "to come"	
to come about	passieren
to come across	zufällig finden
to come in	hereinkommen
Come on!	Beeile dich!
to come to an end	vorbei sein

Redewendungen mit "to get"	
to get along with	mit jdm. gut zurechtkommen
to get away	entkommen
to get away with	mit etwas (ungestraft) davonkommen
to get back	zurück-, nach Hause kommen
to get by	zurechtkommen
to get into s.th.	in etw. hineingeraten
to get on	vorankommen; einsteigen
to get off	aussteigen
to get rid of s.th.	etw. los werden
to get used to	sich an etw. gewöhnen
to get up	aufstehen
to get s.b./s.th. wrong	jdn./etw. missverstehen

Redewendungen mit "to give"	
to give away	verschenken
to give s.o. away	jdn. verraten
to give in	nachgeben
to give up	aufgeben

Redewendungen mit "to go"	
to go back to	zurückkehren nach
to go by	(Zeit) vergehen
to go by bus	fahren mit
to go on	sich einschalten (Licht, Maschine)
to go off	sich ausschalten; weg gehen
to go on doing s.th.	weitermachen, fortfahren
to go up to s.b.	sich jdm. nähern
to be gone	weg sein, verschwunden sein

Redewendungen mit "to have"	
to have s.th. back	etw. zurückerhalten
to have s.th. done	etw. machen lassen
to have s.th. on	etw. anhaben (Kleidung)
to have an argument	sich streiten
to have a bath/a shower	baden/duschen
to have a cup of tea	eine Tasse Tee trinken
to have breakfast	frühstücken
to have lunch/dinner	zu Mittag/Abend essen
to have a party	eine Party machen
Have fun!	Viel Spaß!

Redewendungen mit "to look"	
to look after	sich kümmern um
to look forward to	sich freuen auf
to look for	suchen nach
to look on	zuschauen
to look out for	achtgeben auf
Look out!	Vorsicht!
to look up to s.b.	jdn. Bewundern
to look down on s.b.	jdn. verachten
to look s.th. up	nachschlagen (Lexikon)

Redewendungen mit "to make"	
to make it	es schaffen
to make s.th. into s.th.	in etw. umwandeln
to make s.th. out	etw. erkennen
to make s.th. up	sich etw. ausdenken
to make up for s.th.	etw. wieder gutmachen

Redewendungen mit "to put"	
to put away	wegräumen
to put it in another way	in anderen Worten
to put s.th. back	etw. zurück stellen
to put s.th. down to s.th.	auf etw. zurückführen
to put s.th. into	etw. hineintun
to put s.th. off	etw. absagen
to put s.th. on	anziehen (Kleidung)
to put together	zusammenfügen
to put up	aufstellen
to put up with s.th.	sich mit etw. abfinden

Redewendungen mit "rule/to rule"	
according to rule	laut Vorschrift
as a rule	normalerweise
to break a rule	eine Regel verletzen, brechen
to play by the rules	fair spielen
to rule the roost	den Ton angeben
to rule over	herrschen über
to rule s.th. out	etwas ausschließen; verhindern

Redewendungen mit "to run"	
to run across s.o./s.th.	zufällig treffen auf, finden
to run away from	weglaufen, ausreißen
to run after	hinterherlaufen
to run in an election	bei einer Wahl kandidieren
to run into s.b.	jdn. zufällig treffen
to run on	weitergehen; sich fortsetzen
to run out	auslaufen; ungültig werden
to run out of s.th.	aufbrauchen, nicht mehr genug haben von
to run s.o. over	jdn. überfahren (mit einem Fahrzeug)

Redewendungen mit "to take"	
to take away	wegnehmen
to take back to	zurückbringen nach
to take off	starten (Flugzeug)
to take off	ausziehen (Kleidung)
to take s.th. with s.b.	etw. mitnehmen

Redewendungen mit "to turn"	
to turn around	sich umdrehen
to turn down	leiser stellen (TV, Radio)
to turn on	einschalten
to turn off	ausschalten
to turn over	umblättern
to turn out well	gut ausgehen
to turn up	auftauchen, erscheinen
to turn up	lauter stellen (TV, Radio)
to turn s.th. upside down	etw. auf den Kopf stellen
to turn left/right	links/rechts abbiegen
It's your turn.	Du bist an der Reihe.
to take turns	sich abwechseln